PENSAMENTO
E LINGUAGEM

L. S. Vigotski

PENSAMENTO E LINGUAGEM

Tradução JEFFERSON LUIZ CAMARGO
Revisão da tradução SILVANA VIEIRA
Revisão técnica JOSÉ CIPOLLA NETO

martins fontes

O original desta obra foi publicado em inglês com o título Thought and Language.
© The Massachusetts Institute of Technology.
© 2011, Livraria Martins Fontes Editora Ltda.,
São Paulo, para a presente edição.

Publisher	Evandro Mendonça Martins Fontes
Coordenação editorial	Vanessa Faleck
Produção editorial	Carolina Cordeiro Lopes
Revisão	Alice Kobayashi
	Denise Roberti Camargo
	Dinarte Zorzanelli da Silva
	Ubiratan Bueno
Diagramação	Studio 3 Desenvolvimento Editorial

4ª Edição 2008 | 5ª reimpressão abril de 2023
Impressão e acabamento Imprensa da Fé

Dados Internacionais de Catalogação na Publicação (CIP)
(Câmara Brasileira do Livro, SP, Brasil)

Vygotsky. Lev Semenovitch. 1896-1934.
Pensamento e linguagem / L. S. Vygotski ; tradução Jefferson Luiz Camargo ; revisão técnica José Cipolla Nelo. – 4ª ed. – São Paulo: Martins Fontes, 2008.

Título original: Thought and language.
Bibliografia
ISBN 978-85-336-2430-6

1. Linguagem 2. Pensamento I. Título. II. Série.

08-03486 CDD-153.42

Índices para catálogo sistemático:
1. Pensamento e linguagem: Psicologia 153.42
2. Linguagem e pensamento: Psicologia 153.42

Todos os direitos desta edição reservados à
Martins Editora Livraria Ltda.
Av. Dr. Arnaldo, 2076
01255-000 São Paulo SP
Tel.: (11) 3116 0000
info@emartinsfontes.com.br
www.emartinsfontes.com.br

Sumário

Introdução *VII*
Prefácio à tradução inglesa *XV*
Prefácio do autor *XIX*

1. *O problema e a abordagem* 1
2. *A teoria de Piaget sobre a linguagem e o pensamento das crianças* 11
3. *A teoria de Stern sobre o desenvolvimento da linguagem* 31
4. *As raízes genéticas do pensamento e da linguagem* 41
5. *Um estudo experimental da formação de conceitos* 65
6. *O desenvolvimento dos conceitos científicos na infância* 103
7. *Pensamento e palavra* 149

Bibliografia 191

Introdução

Liev Semiónovitch Vigotski nasceu em 1896. Em seu tempo de estudante na Universidade de Moscou foi um leitor ávido e assíduo no campo da linguística, das ciências sociais, da psicologia, da filosofia e das artes. Foi a partir de 1924 que teve início o seu trabalho sistemático em psicologia. Dez anos mais tarde, aos 38 anos, morria de tuberculose. Naquele período, trabalhando em conjunto com estudantes e colaboradores tão talentosos como Luria, Leontiev e Sakharov, iniciou uma série de pesquisas em psicologia do desenvolvimento, educação e psicopatologia, muitas das quais interrompidas por sua morte prematura. O presente livro, publicado postumamente em 1934, condensa uma fase muito importante da obra de Vigotski e, embora seu tema central seja a relação entre pensamento e linguagem, trata-se, ao nível mais profundo, da apresentação de uma teoria extremamente original e bem fundamentada do desenvolvimento intelectual. A concepção de Vigotski, sobre o desenvolvimento, é também uma teoria da educação.

Para um público de língua inglesa, será de pouca utilidade seguir o curso ideológico da obra de Vigotski através dos terremotos e das tempestades que envolvem a psicologia na União Soviética. Era inevitável que sua obra viesse a perturbar os guardiões doutrinários da "correta interpretação marxista", especialmente durante o período da "batalha pela conscientização". Em 1958, ao apresentar as traduções alemãs da obra de Vigotski na *Zeitschrift für Psychologie*, Luria e Leontiev – dois de seus mais talentosos colaboradores – afirmaram que "a primeira e mais importante tarefa naquela época [últimos anos da década de 1920 e ano de 1930, quando a 'batalha pela conscientização' tornou-se mais intensa] consistia em liberar-se, por um lado, do behaviorismo corrente e, por outro, da abordagem subjetiva dos fenômenos mentais enquanto condições subjetivas exclusivamente internas, cuja investigação só pode ser realizada por introspecção". Não surpreende, então, que a obra *Pensamento e linguagem*, de Vigotski, tenha sido proibida em 1936, dois anos após ter surgido, só voltando a ser publicada em 1956. Pois ele não suportaria nem o reducionismo materialista ou mentalismo nem o fácil dualismo cartesiano, que optavam frontalmente por uma das abordagens e relegavam a outra a um plano secundário. De fato, bem no início de sua carreira de psicólogo, Vigotski escreveu: "Na medida em que ignora o problema da consciência, a psicologia impede o seu próprio acesso à investigação de problemas complicados do comportamento humano, e a exclusão da consciência da esfera da psicologia científica tem como principal consequência a preservação de todo o dualismo e espiritualismo da psicologia subjetiva anterior". Embora o livro tenha sido oficialmente proibido, seu impacto sobre o pensamento de toda uma geração de psicólogos, linguistas e psicopatologistas russos continuou sendo enorme.

Em termos de nossa própria perspectiva intelectual, os pontos de vista de Vigotski podem ser superficialmente rotulados como funcionalismo ou instrumentalismo, ou, possivelmente, como Psicologia do Ato. Sob a perspectiva ideológica marxista, Vigotski tornou-se conhecido como o homem que percebeu a determinação histórica da consciência e do intelecto humanos. Mas um exame do lugar ocupado por Vigotski, na psicologia mundial, revela que a sua posição transcende tanto o funcionalismo

Introdução

habitual, do tipo Dewey-James, quanto o materialismo histórico convencional da ideologia marxista. Vigotski é original. Nós lhe prestamos um desserviço, quer quando lhe atribuímos importância unicamente por haver desenvolvido as concepções soviéticas do homem, quer quando o traduzimos erroneamente para a linguagem do funcionalismo ou quando nos limitamos a considerar as suas afinidades com George Herbert Mead, com quem apresenta uma interessante semelhança.

O leitor encontrará a epígrafe *"Natura parendo vincitur"* no frontispício de uma das obras de Vigotski, e, de fato, em *Pensamento e linguagem*, Vigotski elabora em que sentido ele acredita que dominando a natureza dominamos a nós mesmos. Pois é a interiorização da ação manifesta que faz o pensamento, e, particularmente, é a interiorização do diálogo exterior que leva o poderoso instrumento da linguagem a exercer influência sobre o fluxo do pensamento. O homem, por assim dizer, é modelado pelos instrumentos e ferramentas que usa, e nem a mente nem a mão podem, isoladamente, realizar muito. Vigotski faz a epígrafe acima citada seguir-se de uma citação de Bacon: *"Nec manus, nisi intellectus, sibi permissus, multam valent: instrumentis et auxilibus res perficitur"*. E se nem a mão nem o intelecto prevalecem por si sós, os instrumentos e seus produtos são os fluxos em desenvolvimento da linguagem interiorizada e do pensamento conceitual, que algumas vezes caminham paralelamente e outras vezes se fundem, um influenciando o outro.

O pensamento de Vigotski é apresentado de forma tão clara nesta tradução que, neste prefácio, quase não se faz necessário apresentar um sumário de seu trabalho e de sua teoria. Ele situa suas ideias sobre a relação entre linguagem e pensamento na perspectiva das teorias de filogênese do desenvolvimento intelectual, dando uma atenção especial à obra anterior de Koehler e Yerkes sobre os grandes macacos antropoides. Sua posição é muito semelhante à obra mais moderna dos antropólogos físicos, que especularam sobre o uso de "ferramentas de pedra" como tendo configurado a evolução do *Australopithecus* e de outros hominídeos. De fato, se Vigotski tivesse sido um anatomista, muito provavelmente teria compartilhado do ponto de vista, tão caro a William James, de que a função cria o órgão. Após concluir que a fala e o pensamento têm raízes diferentes, e que a estreita correspondência entre o pensamento e a fala, que se constata no homem, não está presente nos antropoides superiores, ele se volta diretamente para a tarefa de explorar o comportamento das crianças pequenas, que apresentam uma fase pré-linguística no que diz respeito ao uso do pensamento, e uma fase pré-intelectual quanto ao uso da fala. Três autores que estudaram o desenvolvimento do pensamento e da fala servem-lhe de ponto de partida: Karl Buehler, William Stern e Jean Piaget. De Piaget, Vigotski conheceu apenas os dois primeiros livros. Em um artigo publicado separadamente[1], Piaget relata o seu desenvolvimento desde os primeiros anos da década de 1930 até a obra de Vigotski, da qual ele só veio a ter um conhecimento mais profundo quando pôde dispor da presente tradução.

Ao abordar o desenvolvimento intelectual e linguístico das crianças, Vigotski desenvolve o seu tema relacionado à interiorização do diálogo em fala interior e pensamento, opondo seu ponto de vista ao então adotado por Piaget, que considerava o desenvolvimento da fala como a supressão do egocentrismo, fornecendo, assim, tanto à psicologia quanto à linguística, a mais profunda análise da fala interior. Descarta a grosseira posição de Watson, que equipara o pensamento à fraca atividade muscular, e deixa claro que, ao contrário de Max, não vê a fala interiorizada como vibrações musculares da laringe, mas sim como representação interna. Trata-se, no melhor sentido, de uma abordagem analítica e teórica. A experimentação sistemática é rara,

---

1. Jean Piaget, *Comments on Vigotski's Critical Remarks*, Cambridge, The M.I.T. Press, 1962.

Introdução

mas, sempre que há um relato de experimentos e observações, eles demonstram tamanha perspicácia que se deseja que houvesse mais – como a observação de crianças descrevendo um quadro em palavras em comparação com a representação dramática que elas fazem do que há no quadro.

É quando Vigotski chega à discussão do desenvolvimento do agrupamento conceitual nas crianças – de amontoados a complexos a pseudoconceitos e, então, a conceitos verdadeiros – que se percebe a sua capacidade e o seu talento como empirista. Usando os seus blocos, talvez a única coisa que o tornou conhecido em seu país, Vigotski acompanha a forma pela qual o desenvolvimento intelectual da criança adquire uma estrutura classificatória que torna possível o uso da linguagem como um instrumento lógico e analítico do pensamento. Antes disso, na ausência de estruturas conceituais, a linguagem desempenha outros papéis que não aquele. Finalmente, Vigotski explora o modo pelo qual os conceitos mais rigorosos de ciência e pensamento disciplinado têm o efeito de transformar e dar uma nova direção ao aparecimento dos conceitos "espontâneos" nas crianças. Deixo ao leitor o prazer de descobrir o conceito de inteligência de Vigotski como uma capacidade de beneficiar-se da instrução e sua proposta radical de que testemos a inteligência tendo isso em vista.

Sob muitos aspectos, o livro é mais programático do que sistemático. Às vezes, chega com aflitiva rapidez a conclusões que são aceitáveis naquela penumbra especial vertida pelas observações de bom senso. Mas mesmo esse bom senso de que Vigotski faz uso em seu trabalho não foi adquirido em uma poltrona, mas sim a partir da observação incessante de crianças aprendendo a falar e a solucionar problemas. A morte prematura de Vigotski interrompeu uma corrente de experimentos em desenvolvimento; todavia, seu trabalho só agora começa a se refletir na atividade vigorosa dos psicólogos e linguistas soviéticos contemporâneos.

Só mais uma observação adicional deve ser feita na apresentação deste livro forte e original. Vigotski representa, ainda, um outro passo à frente no esforço cada vez maior para a compreensão dos processos cognitivos. Seu ponto de vista é o da atividade mediada. Os conceitos e a linguagem que os infunde dão força e estratégia à atividade cognitiva. A capacidade de impor estruturas superiores no interesse de ver as coisas de modo mais simples e profundo é tida como um dos poderosos instrumentos da inteligência humana. Consideremos um comentário ao acaso: "Os novos conceitos superiores transformam, por sua vez, os inferiores. O adolescente que adquiriu o domínio dos conceitos algébricos já está em uma posição de vantagem, da qual vê os conceitos aritméticos sob uma perspectiva mais ampla". Ao longo destas páginas, enfatiza-se repetidamente a capacidade que o homem tem de criar estruturas de ordem superior que, na verdade, substituem e dão novo valor às estruturas conceituais que já foram superadas a caminho do domínio de ordem superior. É uma imagem do homem que confere um lugar central ao esforço para aprender e dominar a natureza, como um instrumento que nos liberta dos esforços e resultados anteriores. "Neste, como em outros exemplos da passagem de um nível de significado ao nível seguinte, a criança não tem que reestruturar separadamente todos os seus conceitos anteriores, o que de fato seria um trabalho de Sísifo. Uma vez que uma nova estrutura tenha sido incorporada a seu pensamento... esta gradualmente estende-se aos conceitos mais antigos, à medida que estes são introduzidos nas operações intelectuais superiores." Supõe-se que Vigotski, ao fazer tais observações, esteja expondo um programa de pesquisas, e não uma conclusão comprovada; no entanto, ele coloca a questão de uma forma que traz, em si, uma imagem vigorosa e inteligente do homem.

Vigotski, de fato, introduziu uma perspectiva histórica na compreensão de como o pensamento se desenvolve e do que é, na verdade, o pensamento. Mas o interessante é que ele também

Introdução — XIII

propôs um mecanismo por meio do qual a pessoa se torna livre de sua própria história. É para Vigotski que se voltam os psicólogos soviéticos ao examinarem o modo pelo qual o homem luta, livre do domínio do condicionamento estímulo-resposta do tipo pavloviano clássico. Vigotski é o arquiteto do Segundo Sistema de Sinais proposto por Pavlov em uma reação contra a rigidez excessiva de suas teorias anteriores. É o Segundo Sistema de Sinais que fornece os meios pelos quais o homem cria um mediador entre ele mesmo e o mundo da estimulação física, de forma a reagir em termos de sua própria concepção simbólica da realidade.

O que agrada aos teóricos marxistas nessa concepção é o papel claramente reconhecido da sociedade e da atividade social na configuração do Segundo Sistema de Sinais – as estruturas mediadoras por meio das quais os estímulos e sinais do mundo físico são filtrados. Para mim, o impressionante é que, dado um mundo pluralista onde cada indivíduo chega a um acordo com o meio ambiente a seu próprio modo, a teoria do desenvolvimento de Vigotski é também uma descrição dos muitos caminhos possíveis para a individualidade e a liberdade. É nesse sentido, penso eu, que ele transcende, como teórico da natureza do homem, os dilemas ideológicos que dividem tão profundamente nosso mundo de hoje.

Jerome S. Bruner
Cambridge, Massachusetts
julho de 1961

Prefácio à tradução inglesa[1]

A primeira edição de *Pensamento e linguagem*[2] apareceu alguns meses após a morte do autor. Ao preparar o livro para publicação, Vigotski tentou juntar ensaios avulsos em um todo coerente. Muitos deles haviam sido escritos anteriormente, e alguns haviam sido publicados; outros foram ditados durante a fase final de sua doença. O livro não é muito bem organizado – talvez por ter sido preparado às pressas –, o que torna um tanto difícil a apreensão imediata de sua unidade interna essencial. Algumas discussões são repetidas quase que palavra por palavra em capítulos diferentes, quando não no mesmo capítulo; numerosas digressões polêmicas fazem com que o desenvolvimento das ideias seja um tanto obscuro. O editor da primeira edição russa apontou alguns desses problemas em seu prefácio, mas decidiu deixar o texto de Vigotski intacto. Vinte e dois anos mais tarde, quando *Pensamento e linguagem* foi reeditado em um volume de obras escolhidas de Vigotski[3], muito poucas alterações foram feitas.

---

1. A tradução foi financiada por uma bolsa de estudos do Public Health Service, T-13, da Division of General Medical Sciences.
2. Soc. -econom. izd., Moscou-Leningrado, 1934.
3. Izd. akad. pedag. nauk, Moscou, 1956.

No final da década de 1930, uma das tradutoras desta edição, Eugenia Hanfmann, em colaboração com J. Kasanin, voltou a alguns dos estudos de Vigotski sobre a formação dos conceitos; ela se lembra muito bem das idas e vindas necessárias para desvendar o texto. Quando, em 1957, A. R. Luria, amigo e colaborador de Vigotski, convidou-a para participar da tradução de *Pensamento e linguagem*, ela expressou a sua convicção de que uma tradução literal não faria justiça ao pensamento de Vigotski. Chegaram ao consenso de que a repetição excessiva e certas discussões polêmicas que seriam de pouco interesse para o leitor contemporâneo deveriam ser eliminadas, em favor de uma exposição mais clara. Ao traduzir o livro, simplificamos e tornamos mais claro o estilo de Vigotski, ao mesmo tempo que nos esforçamos para reproduzir com exatidão o seu sentido. A organização interna dos capítulos foi preservada, exceto no Capítulo 2, em que omissões externas resultaram em uma reestruturação do texto e em um número extremamente reduzido de subdivisões.

Embora nossa tradução mais compacta pudesse ser considerada uma versão simplificada do original, sentimos que a condensação aumentou a clareza e a legibilidade do texto, sem qualquer perda quanto ao conteúdo do pensamento ou à informação factual. Infelizmente, o texto russo não continha informações detalhadas dos estudos de Vigotski e daqueles de seus colaboradores: das quatro séries de pesquisas às quais o livro se refere, apenas o método de Shif [*37*] teve uma descrição relativamente detalhada. Vários desses estudos foram resumidamente apresentados em congressos e revistas especializadas [*47, 49*], mas, segundo o professor Luria, nenhum foi publicado na íntegra.

A bibliografia da edição russa está reproduzida no final deste livro, com alguns acréscimos. Apesar destes, a bibliografia não representa adequadamente o grande número de fontes utilizadas por Vigotski. O tratamento dado por ele às referências era muito assistemático. Algumas das publicações por ele incluídas na bibliografia não são diretamente mencionadas no texto. Por outro lado, muitos dos autores discutidos no texto não estão incluídos na sua bibliografia, assim como muitas obras de linguística com as quais Vigotski estava obviamente familiarizado. Corrigimos algumas das omissões. Por exemplo, incluímos na bibliografia o estudo de Ach sobre a formação de conceitos, o qual Vigotski discute minuciosamente. Além disso, incluímos dois artigos de Vigotski, publicados em periódicos norte-americanos [*51, 52*], assim como os dois primeiros artigos em inglês sobre sua obra [*15, 16*] e um artigo recente em alemão [*25*]. A maior parte dos títulos das obras em alemão, francês e inglês foi dada por Vigotski nos idiomas originais; alguns, no entanto, foram incluídos em suas traduções russas; estas nós substituímos pelos títulos originais. Todas as citações foram traduzidas do russo, conforme constavam no texto de Vigotski, inclusive aquelas de autores não russos, com exceção dos trechos de Piaget – numerosos e geralmente longos –, que traduzimos diretamente do francês.

Somos gratos a The Williams & Wilkins Company por haver permitido as citações extraídas de *Conceptual Thinking in Schizophrenia*, de E. Hanfmann e J. Kasanin[4], e aos editores de *Psychiatry*, por nos terem permitido reeditar uma antiga tradução do Capítulo 7, feita por H. Beier[5]. Utilizamos partes de seu texto, inclusive a tradução de várias citações de obras literárias russas; no entanto, tivemos de retraduzir parcialmente o capítulo para obter um grau uniforme de condensação e um estilo coerente.

Por último, mas não menos importante, somos gratos ao professor Jean Piaget por seus comentários sobre a crítica feita por Vigotski às suas primeiras obras.

E. Hanfmann
G. Vakar

---

4. *Nerv. and Ment. Dis. Monogr.*, 67, 1942.
5. L. S. Vigotski, "Thought and Speech", *Psychiatry* II, 1, 1939.

Prefácio do autor

Este livro é um estudo de um dos mais complexos problemas da psicologia: a inter-relação entre pensamento e linguagem. Tanto quanto sabemos, trata-se de uma questão que ainda não foi investigada experimentalmente de forma sistemática. Tentamos fazer pelo menos uma primeira abordagem dessa tarefa, realizando estudos experimentais, em separado, de vários aspectos do problema. Os resultados a que chegamos nos forneceram uma parte do material em que baseamos as nossas análises.

As discussões teóricas e críticas são uma precondição necessária e um complemento da parte experimental do estudo, constituindo uma grande parte de nosso livro. As hipóteses de trabalho que servem como ponto de partida às nossas pesquisas experimentais tiveram de se basear em uma teoria geral das raízes genéticas do pensamento e da linguagem. Para desenvolver tal estrutura teórica, revisamos e analisamos cuidadosamente os dados pertinentes na literatura psicológica. Ao mesmo tempo, submetemos as teorias mais importantes de pensamento e linguagem a uma análise crítica, na esperança de superar insuficiências e evitar suas falhas na busca de nosso caminho teórico.

Inevitavelmente, nossa análise invadiu alguns campos vizinhos, tais como a linguística e a psicologia da educação. Ao discutirmos o desenvolvimento dos conceitos científicos na infância, utilizamos a hipótese de trabalho que diz respeito à relação entre o processo educacional e o desenvolvimento mental, que havíamos desenvolvido em outra ocasião empregando um corpo de dados diferentes.

A estrutura deste livro é forçosamente complexa e multifacetada e, no entanto, todas as suas partes se voltam para uma tarefa central: a análise genética da relação entre o pensamento e a palavra falada. O primeiro capítulo coloca o problema e discute o método. O segundo e o terceiro capítulos são análises críticas das duas teorias mais importantes sobre o desenvolvimento da linguagem e do pensamento, a de Piaget e a de Stern. No quarto capítulo, tenta-se rastrear as raízes genéticas do pensamento e da linguagem; esse capítulo serve como introdução teórica à parte principal do livro: as duas investigações experimentais que são descritas nos dois capítulos seguintes. O primeiro estudo, no quinto capítulo, trata da evolução geral do desenvolvimento dos significados das palavras na infância; o segundo, no sexto capítulo, é um estudo comparativo do desenvolvimento dos conceitos "científicos" e dos conceitos espontâneos da criança. O último capítulo tenta vincular os diferentes resultados de nossas investigações e apresentar o processo total do pensamento verbal, tal como aparece à luz de nossos dados.

Talvez seja útil enumerar brevemente os aspectos de nossa obra que acreditamos serem novos e que exigem, por conseguinte, uma cuidadosa verificação. Além da nossa formulação diferente do problema, e do método parcialmente novo que utilizamos, nossa contribuição pode ser assim resumida: (1) fornecemos provas experimentais de que os significados das palavras passam por uma evolução durante a infância e esclarecemos os passos fundamentais dessa evolução; (2) revelamos o modo singular como os conceitos "científicos" das crianças se desenvolvem, em comparação com os seus conceitos espontâneos, e formulamos as leis que regem o seu desenvolvimento; (3) demonstramos a natureza psicológica específica e a função linguística da linguagem escrita em sua relação com o pensamento; e (4) esclarecemos, pela experimentação, a natureza da fala interior e a sua relação com o pensamento. Não cabe a nós fazer uma avaliação das nossas descobertas e da forma como as interpretamos; essa tarefa deve ser deixada aos nossos leitores e críticos.

O autor e os seus colaboradores vêm investigando o campo da linguagem e do pensamento já há quase dez anos, durante os quais algumas das hipóteses iniciais foram revistas ou abandonadas, por serem consideradas falsas. Entretanto, a linha fundamental de nossa investigação seguiu a direção tomada desde o início. Sabemos das inevitáveis imperfeições deste estudo, que nada mais é do que um primeiro passo em uma nova direção. No entanto, sentimos que, ao desvendarmos o problema do pensamento e da linguagem como a questão central da psicologia humana, contribuímos de alguma forma para um progresso essencial. Nossas descobertas indicam o caminho para uma nova teoria da consciência, sobre a qual fazemos uma breve referência no final de nosso livro.

1. O problema e a abordagem

O estudo do pensamento e da linguagem é uma das áreas da psicologia em que é particularmente importante se ter uma clara compreensão das relações interfuncionais. Enquanto não compreendermos a inter-relação de pensamento e palavra, não poderemos responder, e nem mesmo colocar corretamente, qualquer uma das questões mais específicas desta área. Por mais estranho que pareça, a psicologia nunca investigou essa relação de maneira sistemática e detalhada. As relações interfuncionais, em geral, não receberam, até agora, a atenção que merecem. Os métodos de análise atomísticos e funcionais, predominantes na última década, trataram os processos psíquicos isoladamente. Métodos de pesquisa foram desenvolvidos e aperfeiçoados com a finalidade de estudar funções isoladas, enquanto sua interdependência e sua organização na estrutura da consciência como um todo permaneceram fora do campo de investigação.

A unidade da consciência e a inter-relação de todas as funções psicológicas tiveram, na verdade, aceitação unânime; admitia-se que as funções unitárias operavam inseparavelmente, em conexão ininterrupta uma com a outra. Mas, na psicologia antiga, a premissa incontestável da unidade combinava-se com uma série de pressupostos tácitos que a invalidavam para todos os propósitos de ordem prática. Era ponto pacífico que a relação entre duas funções determinadas nunca variava; que a percepção, por exemplo, estava sempre ligada de maneira idêntica à atenção, a memória à percepção, o pensamento à memória. Como constantes, essas relações podiam ser, e eram, reduzidas a um fator comum e ignoradas no estudo das funções isoladas. Uma vez que essas relações continuavam a não ter importância, considerava-se o desenvolvimento da consciência como sendo determinado pelo desenvolvimento autônomo das funções isoladas. No entanto, tudo o que se sabe sobre o desenvolvimento psíquico indica que a sua essência mesma está nas mudanças que ocorrem na estrutura interfuncional da consciência. A psicologia deve fazer dessas relações e de suas variações ao longo do desenvolvimento o problema central, o foco de estudo, em vez de simplesmente postular a inter-relação geral de todas as funções. Essa mudança de abordagem se torna imperativa para o estudo produtivo da linguagem e do pensamento.

O exame dos resultados das investigações anteriores sobre o pensamento e a linguagem mostrará que, desde a antiguidade até hoje, todas as teorias oscilam entre a *identificação*, ou *fusão*, do pensamento e da fala, por um lado, e sua *disjunção* e *segregação* igualmente absolutas, quase metafísicas, por outro. Seja expressando um desses extremos em sua forma pura, seja combinando-os, isto é, assumindo uma posição intermediária – mas sempre em algum ponto ao longo do eixo que une os dois polos –, todas as diferentes teorias sobre o pensamento e a linguagem ficam restritas a esse círculo.

Podemos rastrear a ideia de identidade entre pensamento e fala desde as especulações dos psicolinguistas, no sentido de que o pensamento é "fala menos som", até as teorias dos modernos psicólogos e reflexologistas norte-americanos, que consideram o pensamento como um reflexo inibido em seu elemento motor. Em todas essas teorias a questão da relação entre pensamento e fala perde o significado. Se são uma única e mesma coisa, nenhuma relação pode haver entre eles. Aqueles que identificam o pensamento com a fala simplesmente voltam as costas ao problema. À primeira vista, os partidários da opinião oposta parecem estar em melhor posição. Ao considerarem a fala como a manifestação externa, o mero invólucro do pensamento, e ao tentarem (como faz a escola de Würzburg) libertar o pensamento de todos os componentes sensoriais, inclusive as palavras, não apenas colocam o problema da relação entre as duas funções, mas também, a seu modo, tentam resolvê-lo. Na verdade, entretanto, são incapazes de colocá-lo de uma maneira que permita uma solução real. Considerando o pensamento e a fala independentes e "puros", e estudando cada um separadamente, são forçados a ver a relação entre ambos como uma mera conexão mecânica e externa entre dois processos distintos. A análise do pensamento verbal em dois elementos separados e basicamente diferentes impede qualquer estudo das relações intrínsecas entre a linguagem e o pensamento.

Assim, o erro está nos *métodos de análise* adotados pelos pesquisadores anteriores. Para uma abordagem bem-sucedida do problema das relações entre o pensamento e a linguagem, devemos, antes de tudo, perguntar a nós mesmos qual método de análise apresenta maior probabilidade de assegurar sua solução.

Dois métodos de análise essencialmente diferentes são possíveis no estudo das estruturas psicológicas. Parece-nos que um deles é responsável por todos os fracassos dos primeiros pesquisadores que investigaram o velho problema, do qual trataremos a seguir, e que o outro é o único modo correto de abordá-lo.

O primeiro método analisa todos os psicológicos complexos em *elementos componentes*. Pode-se compará-lo à análise química da água em hidrogênio e oxigênio, sendo que nenhum deles apresenta as propriedades do todo, e cada um tem propriedades que não estão presentes no todo. O estudante que utilizar este método para tentar explicar alguma propriedade da água – por que ela apaga o fogo, por exemplo – descobrirá, com surpresa, que o hidrogênio queima e que o oxigênio alimenta o fogo. Essas descobertas não o ajudarão muito a solucionar o problema. A psicologia encontra-se no mesmo beco sem saída quando analisa o pensamento verbal em seus componentes, o pensamento e a palavra, e os estuda isoladamente. No decorrer da análise, as propriedades originais do pensamento verbal desaparecem. Ao pesquisador resta apenas tentar descobrir a interação mecânica dos dois elementos, na esperança de reconstruir, de modo puramente especulativo, as propriedades desaparecidas do todo.

Esse tipo de análise desloca o problema para um nível mais geral; não proporciona uma base adequada para o estudo das relações concretas e multiformes entre o pensamento e a linguagem, surgidas no decorrer do desenvolvimento e do funcionamento do pensamento verbal em seus diversos aspectos. Em vez de nos proporcionar condições para examinar e explicar exemplos e fases específicas, e determinar regularidades concretas no decorrer dos acontecimentos, esse método leva a generalidades relativas a toda fala e todo pensamento. Além do mais, faz-nos incorrer em sérios erros, na medida em que ignoramos a natureza unitária do processo em estudo. A união viva de som e significado a que chamamos palavra é fragmentada em duas partes que, supostamente, se mantêm unidas apenas pelas conexões associativas mecânicas.

O ponto de vista de que som e significado, nas palavras, são elementos separados e com vidas separadas tem sido muito prejudicial para o estudo tanto dos aspectos fonéticos quanto dos aspectos semânticos da linguagem. O estudo mais abrangente dos sons de fala apenas como sons, desvinculados de sua conexão com o pensamento, tem pouco a ver com sua função de fala humana, uma vez que não aborda as propriedades físicas e psicológicas peculiares à fala, mas somente as propriedades comuns a todos os sons existentes na natureza. Do mesmo modo, o significado dissociado dos sons da fala só pode ser estudado como um ato puro de pensamento, transformando-se e desenvolvendo-se independentemente de seu veículo material. Essa separação entre o som e o significado é responsável, em grande parte, pela esterilidade da fonética e da semântica clássicas. Da mesma forma, na psicologia infantil, os aspectos fonético e semântico do desenvolvimento da fala têm sido estudados separadamente. Embora o desenvolvimento fonético esteja sendo estudado de modo muito detalhado, todos os dados acumulados pouco contribuem para a nossa compreensão do desenvolvimento linguístico como tal, e permanecem essencialmente desvinculados das descobertas relativas ao desenvolvimento do pensamento.

Em nossa opinião, o caminho é usar o outro tipo de análise, que pode ser chamado de *análise em unidades*.

Com o termo *unidade* queremos nos referir a um produto de análise que, ao contrário dos elementos, conserva todas as propriedades básicas do todo, não podendo ser dividido sem perdê-las. A chave para a compreensão das propriedades da água são as suas moléculas e seu comportamento, e não seus elementos químicos. A verdadeira unidade da análise biológica é a célula viva, que possui as propriedades básicas do organismo vivo.

Qual é a unidade do pensamento verbal que satisfaz esses requisitos? Acreditamos poder encontrá-la no aspecto intrínseco da palavra, no *significado* da palavra. Até o momento, poucas pesquisas sobre esse aspecto intrínseco da fala foram realizadas, e a psicologia tem pouco a nos dizer sobre o significado da palavra que não se aplique, do mesmo modo, a outras imagens e atos do pensamento. A natureza do significado como tal não é clara. No entanto, é no significado da palavra que o pensamento e a fala se unem em pensamento verbal. É no significado, então, que podemos encontrar as respostas às nossas questões sobre a relação entre o pensamento e a fala.

A nossa pesquisa experimental, assim como a análise teórica, sugere que tanto a Gestalt quanto a psicologia associacionista vêm seguindo direções erradas na sua busca da natureza intrínseca do significado da palavra. Uma palavra não se refere a um objeto isolado, mas a um grupo ou classe de objetos; portanto, cada palavra já é uma generalização. A generalização é um ato verbal do pensamento e reflete a realidade de modo bem diverso daquele da sensação e da percepção. Essa diferença está implícita na proposição segundo a qual há um salto dialético não apenas entre a total ausência da consciência (na matéria inanimada) e a sensação, mas também entre a sensação e o pensamento. Tudo leva a crer que a distinção qualitativa entre a sensação e o pensamento seja a presença, nesse último, de um reflexo *generalizado* da realidade, que é também a essência do significado da palavra; e, consequentemente, que o significado é um ato de pensamento, no sentido pleno do termo. Mas, ao mesmo tempo, o significado é parte inalienável da palavra como tal, e dessa forma pertence tanto ao domínio da linguagem quanto ao domínio do pensamento. Uma palavra sem significado é um som vazio, que não mais faz parte da fala humana. Uma vez que o significado da palavra é simultaneamente pensamento e fala, é nele que encontramos a unidade do pensamento verbal que procuramos. Então, fica claro que o método a seguir em nossa exploração da natureza do pensamento verbal é a análise semântica – o estudo do desenvolvimento, do funcionamento e da estrutura dessas unidades, em que pensamento e fala estão inter-relacionados.

Esse método combina as vantagens da análise e da síntese, e permite o estudo adequado de todos complexos. A título de ilustração, consideremos ainda um outro aspecto de nosso objeto de estudo, que também foi amplamente negligenciado no passado. A função primordial da fala é a comunicação, o intercâmbio social. Quando o estudo da linguagem se baseava na análise em elementos, também essa função foi dissociada da função intelectual da fala. Ambas foram tratadas como funções separadas, até mesmo paralelas, sem se considerar a inter-relação de sua estrutura e desenvolvimento. No entanto, o significado da palavra é uma unidade de ambas as funções da fala. O fato de que o entendimento entre as mentes é impossível sem alguma expressão mediadora é um axioma da psicologia científica. Na ausência de um sistema de signos, linguísticos ou não, somente o tipo de comunicação mais primitivo e limitado torna-se possível. A comunicação por meio de movimentos expressivos, observada principalmente entre os animais, é mais uma efusão afetiva do que comunicação. Um ganso amedrontado, pressentindo subitamente algum perigo, ao alertar o bando inteiro com seus gritos, não está informando aos outros aquilo que viu, mas antes contagiando-os com seu medo.

A transmissão racional e intencional de experiência e pensamento a outros requer um sistema mediador, cujo protótipo é a fala humana, oriunda da necessidade de intercâmbio durante o trabalho. De acordo com a tendência dominante, até recentemente a psicologia tratou o assunto de um modo demasiadamente simplificado. Partiu-se da hipótese de que o meio de comunicação era o signo (a palavra ou o som); que, por meio de uma ocorrência simultânea, um som podia associar-se ao conteúdo de qualquer experiência, servindo então para transmitir o mesmo conteúdo a outros seres humanos.

No entanto, um estudo mais profundo do desenvolvimento da compreensão e da comunicação na infância levou à conclusão de que a verdadeira comunicação requer significado – isto é, generalização –, tanto quanto signos. De acordo com a descrição perspicaz de Edward Sapir, o mundo da experiência precisa ser extremamente simplificado e generalizado antes que possa ser traduzido em símbolos. Somente assim a comunicação torna-se, de fato, possível, pois a experiência do indivíduo encontra-se apenas em sua própria consciência e é, estritamente falando, não comunicável. Para se tornar comunicável, deve ser incluída em uma determinada categoria que, por convenção tácita, a sociedade humana considera uma unidade.

Assim, a verdadeira comunicação humana pressupõe uma atitude generalizante, que constitui um estágio avançado do desenvolvimento do significado da palavra. As formas mais elevadas da comunicação humana somente são possíveis porque o pensamento do homem reflete uma realidade conceitualizada. É por isso que certos pensamentos não podem ser comunicados às crianças, mesmo que estejam familiarizadas com as palavras necessárias. Pode ainda estar faltando o conceito adequadamente generalizado que, por si só, assegura o pleno entendimento. Em seus trabalhos sobre educação, Tolstoi afirma que a dificuldade que as crianças frequentemente apresentam de aprender uma palavra nova é devida ao conceito a que a palavra se refere, e não ao seu som. Uma vez que o conceito esteja amadurecido, haverá quase sempre uma palavra disponível.

A concepção do significado da palavra como uma unidade tanto do pensamento generalizante quanto do intercâmbio social é de valor inestimável para o estudo do pensamento e da linguagem, pois permite uma verdadeira análise genético-causal, o estudo sistemático das relações entre o desenvolvimento da capacidade de pensar da criança e o seu desenvolvimento social. A inter-relação da generalização e da comunicação pode ser considerada um foco secundário do nosso estudo.

Talvez seja conveniente mencionar aqui alguns dos problemas da área da linguagem que não foram especificamente explorados em nossos estudos. O mais importante de todos é a relação entre o aspecto fonético da fala e o significado. Acreditamos que os últimos e importantes avanços na área da linguística devem-se, em grande parte, às alterações no método de análise empregado no estudo da fala. A linguística tradicional, que considera o som como um elemento independente da fala, usava o som isolado como unidade de análise. Consequentemente, centrava-se na fisiologia e na acústica, mais do que na psicologia da fala. A linguística moderna utiliza o fonema, a menor unidade fonética indivisível que afeta o significado, característica, portanto, da fala humana, enquanto distinta de outros sons. Sua introdução como unidade de análise trouxe benefícios tanto para a psicologia quanto para a linguística. As vantagens concretas obtidas pela aplicação desse método provam decisivamente o seu valor. Esse método é essencialmente idêntico ao método de análise utilizado em nossa própria investigação, que se baseia em unidades, enquanto distintas dos elementos.

A fertilidade de nosso método pode ser demonstrada também em outras questões concernentes às relações entre as funções, ou entre a consciência como um todo e suas partes. Uma breve referência a pelo menos uma dessas questões indicará a direção que nossos estudos futuros poderão tomar e demonstrará a importância do presente estudo. Referimo-nos à relação entre intelecto e afeto. A sua separação enquanto objetos de estudo é uma das principais deficiências da psicologia tradicional, uma vez que esta apresenta o processo de pensamento como um fluxo autônomo de "pensamentos que pensam a si próprios", dissociado da plenitude da vida, das necessidades e dos interesses pessoais, das inclinações e dos impulsos daquele que pensa. Esse pensamento dissociado deve ser considerado tanto um epifenômeno sem significado, incapaz de modificar qualquer coisa na vida ou na conduta de uma pessoa, como alguma espécie de força primeva a exercer influência sobre a vida pessoal, de um modo misterioso e inexplicável. Assim, fecham-se as portas à questão da causa e origem de nossos pensamentos, uma vez que a análise determinista exigiria o esclarecimento das forças motrizes que dirigem o pensamento para esse ou aquele canal. Justamente por isso, a antiga abordagem impede qualquer estudo fecundo do processo inverso, ou seja, a influência do pensamento sobre o afeto e a volição.

A análise em unidades indica o caminho para a solução desses problemas de importância vital. Demonstra a existência de um sistema dinâmico de significados em que o afetivo e o intelectual se unem. Mostra que cada ideia contém uma atitude afetiva transmutada com relação ao fragmento de realidade ao qual se refere. Permite-nos ainda seguir a trajetória que vai das necessidades e impulsos de uma pessoa até a direção específica tomada por seus pensamentos, e o caminho inverso, a partir de seus pensamentos até o seu comportamento e a sua atividade. Esse exemplo deveria ser suficiente para mostrar que o método utilizado neste estudo do pensamento e da linguagem é, também, um instrumento promissor para investigar a relação do pensamento verbal com a consciência como um todo e com as suas outras funções essenciais.

2. A teoria de Piaget sobre a linguagem e o pensamento das crianças[1]

I

A psicologia deve muito a Jean Piaget. Não é exagero afirmar que ele revolucionou o estudo da linguagem e do pensamento das crianças. Piaget desenvolveu o método clínico de investigação das ideias infantis, que vem sendo amplamente utilizado desde a sua criação. Foi o primeiro pesquisador a estudar sistematicamente a percepção e a lógica infantis; além do mais, trouxe para o seu objeto de estudo uma nova abordagem, de amplitude e ousadia incomuns. Em vez de enumerar as deficiências do raciocínio infantil, em comparação com o dos adultos, Piaget concentrou-se nas características distintivas do pensamento das crianças, naquilo que elas *têm*, e não naquilo que lhes falta. Por meio dessa abordagem positiva, demonstrou que a diferença entre o pensamento infantil e o pensamento adulto era mais *qualitativa* do que quantitativa.

....
1. Este capítulo é uma versão abreviada do prefácio escrito por Vigotski para a edição russa dos dois primeiros livros de Piaget (Gosizdat, Moscou, 1932). A crítica de Vigotski, baseada nas primeiras obras de Piaget, pouco se aplica às formulações posteriores de Piaget no que diz respeito às suas teorias. (*Nota da edição inglesa.*)

Como muitas outras grandes descobertas, a ideia de Piaget é tão simples que parece óbvia. Já havia sido expressa nas palavras de Rousseau, citadas pelo próprio Piaget, no sentido de que uma criança não é um adulto em miniatura, assim como a sua mente não é a mente de um adulto em escala menor. Por trás dessa verdade, para a qual Piaget forneceu provas experimentais, encontra-se outra ideia, também simples – a ideia de evolução, que projeta um brilho incomum sobre todos os estudos de Piaget.

No entanto, a despeito de toda a sua grandeza, a obra de Piaget sofre da dualidade comum a todas as obras pioneiras da psicologia contemporânea. Essa cisão coincide com a crise que a psicologia está atravessando, à medida que se transforma em uma ciência, no verdadeiro sentido da palavra. A crise é decorrente da aguda contradição entre a matéria factual da ciência e suas premissas metodológicas e teóricas, que há muito são objeto de disputa entre as concepções materialista e idealista do mundo. A luta é talvez mais acirrada na psicologia do que em qualquer outra disciplina.

Enquanto não dispusermos de um sistema unanimemente aceito, que incorpore todo o conhecimento psicológico existente, qualquer descoberta factual importante levará à criação de uma nova teoria que se ajuste aos fatos recentemente observados. Tanto Freud quanto Levy-Bruhl e Blondel criaram os seus próprios sistemas individuais de psicologia. A dualidade predominante reflete-se na incompatibilidade entre essas estruturas teóricas, com seus tons metafísicos e idealistas, e as bases empíricas sobre as quais se edificaram. A cada dia, grandes descobertas são feitas na psicologia moderna, mas logo acabam sendo encobertas por teorias *ad hoc* pré-científicas e semimetafísicas.

Piaget tenta escapar dessa dualidade inevitável atendo-se aos fatos. Evita deliberadamente as generalizações, mesmo em seu próprio campo, e toma um cuidado especial para não resvalar para os domínios correlatos da lógica, da teoria do conhecimento ou da história da filosofia. O empirismo puro parece ser, para ele, o único terreno seguro. O seu livro, ele escreve, é,

antes de mais nada, e acima de tudo, uma compilação de fatos e documentos. Os elos que unem os vários capítulos são aqueles que um método único pode propiciar a diversas descobertas – de maneira nenhuma os de uma exposição sistemática [*29*, p. 11].

Na verdade, o seu ponto forte é revelar fatos novos, analisá--los exaustivamente e classificá-los – a capacidade de *escutar* a mensagem deles, no dizer de Claparède. Das páginas de Piaget, cai sobre a psicologia infantil uma avalanche de fatos grandes e pequenos, que desvendam novas perspectivas ou vêm somar-se ao conhecimento anterior. Seu método clínico revela-se um instrumento realmente valioso para o estudo dos todos estruturais complexos do pensamento infantil em suas transformações evolutivas. Esse método unifica as suas diversas investigações e nos proporciona um quadro vivo, coerente e pormenorizado do pensamento infantil.

Os novos fatos e o novo método conduzem a muitos problemas, alguns dos quais totalmente novos para a psicologia científica, ao passo que outros surgem sob uma nova luz. Os problemas deram origem a teorias, apesar da determinação de Piaget em evitá-las, ao limitar-se estritamente aos fatos experimentais e ao excluir, de momento, a possibilidade de que as hipóteses influenciassem a própria escolha das experiências. Mas os fatos são sempre examinados à luz de alguma teoria, e não podem, portanto, ser totalmente desvinculados da filosofia.

Isso é particularmente verdadeiro para os fatos relativos ao pensamento. Para encontrar a chave do rico depósito de dados de Piaget, temos primeiro que explorar a filosofia que está por trás de sua busca dos fatos – e por trás da sua interpretação, que só é apresentada no final de seu segundo livro [*30*], em um resumo de seu conteúdo.

Ao abordar essa tarefa, Piaget levanta a questão da inter-relação objetiva de todos os traços característicos do pensamento infantil por ele observados. Serão esses traços fortuitos e independentes, ou constituem um todo ordenado, com uma lógica própria, ao redor de um fato unificador central? Piaget acredita na segunda hipótese. Ao responder à questão, ele passa dos fatos à teoria, e incidentalmente mostra o quanto a sua análise dos fatos foi influenciada pela teoria, muito embora, em sua apresentação, a teoria viesse depois dos fatos.

Segundo Piaget, o elo de todas as características específicas da lógica das crianças é o egocentrismo do pensamento infantil. A esse traço central relaciona todos os outros que descobriu, tais como o realismo intelectual, o sincretismo e a dificuldade de compreender as relações. Ele descreve o egocentrismo como ocupando uma posição genética, estrutural e funcionalmente intermediária entre o pensamento autístico e o pensamento dirigido.

A ideia de polaridade do pensamento dirigido e não dirigido é tomada de empréstimo à teoria psicanalítica. Diz Piaget:

> O pensamento dirigido é consciente, isto é, persegue objetivos que estão presentes na mente daquele que pensa. É inteligente, isto é, encontra-se adaptado à realidade e luta para influenciá-la. É suscetível de verdade e erro (...) e pode ser comunicado por meio da linguagem. O pensamento autístico é subconsciente, isto é, os objetivos que persegue e os problemas que coloca a si mesmo não estão presentes na consciência. Não está adaptado à realidade externa, mas cria para si mesmo uma realidade de imaginação ou de sonhos. Tende a gratificar desejos, e não a estabelecer verdades, e permanece estritamente individual e incomunicável, como tal, por meio da linguagem, uma vez que opera basicamente em imagens e, para ser comunicado, precisa recorrer a métodos indiretos, evocando, por meio de símbolos e de mitos, os sentimentos que o guiam [*29*, p. 59-60].

O pensamento dirigido é social. À medida que se desenvolve, vai sendo cada vez mais influenciado pelas leis da experiência e da lógica propriamente dita. O pensamento autístico, ao contrário, é individualista e obedece a um conjunto de leis próprias especiais.

Entre essas duas formas contrastantes de pensamento

há muitas variedades quanto ao seu grau de comunicabilidade. Essas variedades intermediárias devem obedecer a uma lógica especial, intermediária também entre a lógica do autismo e a lógica da inteligência. Propomos dar o nome de *pensamento egocêntrico* à principal dessas formas intermediárias [*29*, p. 62].

Embora a sua função principal continue sendo a satisfação das necessidades pessoais, já inclui algumas adaptações mentais, um pouco da orientação para a realidade característica do pensamento dos adultos. O pensamento egocêntrico da criança "fica a meio caminho entre o autismo, no sentido estrito da palavra, e o pensamento socializado" [*30*, p. 276].

É importante observar que, ao longo de toda a sua obra, Piaget enfatiza mais os traços comuns entre o pensamento egocêntrico e o autismo do que os traços que os distinguem. No resumo, ao final de seu livro, afirma enfaticamente: "Acima de tudo, o brinquedo é a lei suprema do pensamento egocêntrico" [*30*, p. 323]. Essa mesma tendência é especialmente marcante quando ele aborda o sincretismo, embora observe que o mecanismo do pensamento sincrético representa uma transição da lógica dos sonhos para a lógica do pensamento.

Piaget afirma que o egocentrismo situa-se entre o autismo extremo e a lógica da razão, tanto cronologicamente como estrutural e funcionalmente. Sua concepção do desenvolvimento do pensamento baseia-se na premissa, extraída da psicanálise, de que o pensamento infantil é original e naturalmente autístico, só se transformando em pensamento realista sob uma longa e persistente pressão social. Piaget afirma que isso não desvaloriza a inteligência da criança. "A atividade lógica não é tudo o que existe para a inteligência" [*30*, p. 267]. A imaginação é importante para se descobrir a solução de problemas, mas não se preocupa com a verificação e a comprovação que a busca da verdade pressupõe. A necessidade de verificar nosso pensamento – isto é, a necessidade de atividade lógica – surge mais tarde. Essa demora é de se esperar, diz Piaget, uma vez que o pensamento serve primeiro à satisfação imediata, muito antes de procurar a verdade; a forma mais espontânea de pensamento é o brinquedo ou a imaginação mágica, que faz com que o desejável pareça possível de ser obtido. Até os sete ou oito anos, o brinquedo predomina de forma tão absoluta no pensamento infantil que se torna muito difícil separar a invenção deliberada da fantasia que a criança acredita ser verdadeira.

Em resumo, o autismo é visto como a forma original e mais primitiva do pensamento; a lógica aparece relativamente mais tarde, e o pensamento egocêntrico é o elo genético entre ambos.

Embora Piaget nunca tenha apresentado essa concepção de uma forma coerente e sistemática, ela é a pedra angular de todo o seu edifício teórico. Ele afirma mais de uma vez que o pressuposto da natureza intermediária do pensamento infantil é hipotético, mas também diz que essa hipótese está tão próxima do bom senso que lhe parece pouco menos discutível do que o próprio fato do egocentrismo infantil. Segue a evolução do egocentrismo até a natureza da atividade prática da criança e o desenvolvimento posterior das atitudes sociais.

> É claro que, do ponto de vista genético, deve-se partir da atividade da criança para compreender o seu pensamento; e essa atividade é indiscutivelmente egocêntrica e egoísta. O instinto social, em sua forma bem definida, só se desenvolve mais tarde. O primeiro período crítico a este respeito ocorre por volta dos sete ou oito anos de idade [*30*, p. 176].

Antes dessa idade, Piaget tende a ver o egocentrismo como uma característica totalmente dominante. Considera direta ou indiretamente egocêntricos todos os fenômenos da lógica infantil, em sua pródiga variedade. A respeito do sincretismo, uma importante expressão do egocentrismo, diz claramente que permeia todo o pensamento da criança, tanto na esfera verbal quanto na percentual. Depois dos sete ou oito anos, quando o pensamento socializado começa a tomar forma, as características egocêntricas não desaparecem repentinamente. Desaparecem das operações perceptuais da criança, mas continuam cristalizadas na área mais abstrata do pensamento puramente verbal.

A sua concepção do predomínio do egocentrismo na infância leva-o a concluir que o egocentrismo do pensamento está tão intimamente relacionado com a natureza psíquica da criança que é impenetrável à experiência. As influências às quais os adultos submetem a criança

> não ficam gravadas na mente desta como se se tratasse de uma chapa fotográfica: são "assimiladas", isto é, deformadas pelo ser vivo a elas submetido, e fixam-se em sua própria substância. É essa substância psicológica da criança, ou, em outras palavras, a estrutura e o funcionamento peculiares ao pensamento infantil, que tentamos descrever e, em certa medida, explicar [*30*, p. 338].

Esse trecho sintetiza a natureza dos pressupostos básicos de Piaget e leva-nos à questão geral das uniformidades sociais e biológicas do desenvolvimento psíquico, à qual voltaremos na Seção III. Em primeiro lugar, examinemos a solidez da concepção de Piaget sobre o egocentrismo infantil à luz dos fatos em que se baseia.

II

Uma vez que a concepção de Piaget sobre o egocentrismo da criança é de importância fundamental em sua teoria, temos de examinar quais fatos o levaram não apenas a aceitá-la como hipótese, mas também a depositar nela tanta confiança. Em seguida, colocaremos esses fatos à prova, comparando-os com os resultados obtidos em nossas próprias experiências [46, 47].

A base factual da crença de Piaget é fornecida pelas pesquisas que realizou quanto ao uso da linguagem pelas crianças. Suas observações sistemáticas levaram-no à conclusão de que todas as conversas das crianças podem ser divididas e classificadas em dois grupos: o egocêntrico e o socializado. A diferença entre ambos decorre basicamente de suas funções. Na fala egocêntrica, a criança fala apenas de si própria, sem interesse pelo seu interlocutor; não tenta comunicar-se, não espera resposta e, frequentemente, nem sequer se preocupa em saber se alguém a ouve. É uma fala semelhante a um monólogo em uma peça de teatro: a criança está pensando em voz alta, fazendo um comentário simultâneo ao que quer que esteja fazendo. Na fala socializada, ela tenta estabelecer uma espécie de comunicação com os outros – pede, ordena, ameaça, transmite informações, faz perguntas.

As experiências de Piaget mostraram que a maior parte das conversas de crianças em idade pré-escolar é egocêntrica. Ele chegou à conclusão de que 44 a 47% do número total das conversas de crianças de sete anos era de natureza egocêntrica. No caso das crianças mais novas, diz Piaget, esse número deve ser consideravelmente mais elevado. Investigações posteriores, com crianças de seis e sete anos, comprovaram que, nessa idade, nem mesmo a fala socializada está totalmente livre de pensamento egocêntrico. E mais, além dos pensamentos que expressa, a criança guarda para si muitos outros pensamentos. Alguns desses pensamentos, segundo Piaget, não são expressos exatamente por serem egocêntricos, isto é, incomunicáveis. Para transmiti-los aos outros, a criança precisaria ser capaz de adotar os seus pontos de vista. "Poder-se-ia dizer que um adulto pensa socialmente mesmo quando está só, enquanto uma criança com menos de sete anos pensa e fala egocentricamente mesmo quando está em companhia de outras pessoas" [*29*, p. 56]. Desse modo, o coeficiente de pensamento egocêntrico deve ser muito mais elevado do que o coeficiente de fala egocêntrica. Mas são os dados sobre a fala – que pode ser medida – que nos fornecem a prova documental sobre a qual Piaget fundamenta a sua concepção de egocentrismo infantil. Suas explicações da fala egocêntrica e do egocentrismo infantil, em geral, são idênticas.

Em primeiro lugar, as crianças com menos de sete ou oito anos não mantêm uma vida social estável; em segundo lugar, a verdadeira linguagem social da criança, isto é, a linguagem que ela utiliza em sua atividade fundamental – o brinquedo –, é uma linguagem de gestos, movimentos e mímica, tanto quanto de palavras [*29*, p. 56].

Quando, aos sete ou oito anos, manifesta-se na criança o desejo de trabalhar com os outros, a fala egocêntrica desaparece.

Em sua descrição da fala egocêntrica e de seu desenvolvimento inevitável, Piaget enfatiza que ela não cumpre nenhuma função verdadeiramente útil no comportamento da criança, e que simplesmente se atrofia à medida que a criança se aproxima da idade escolar. As experiências que realizamos sugerem uma interpretação diferente. Acreditamos que a fala egocêntrica assume, desde muito cedo, um papel muito definido e importante na atividade da criança.

A fim de determinar as causas da fala egocêntrica e as circunstâncias que a provocam, organizamos as atividades das crianças de um modo muito semelhante ao de Piaget, mas acrescentamos uma série de frustrações e dificuldades. Por exemplo, quando uma criança estava se preparando para desenhar, descobria subitamente que não havia papel, ou nenhum lápis da cor que ela necessitava. Em outras palavras, ao impedi-la de agir livremente, nós a forçávamos a enfrentar problemas.

Descobrimos que nessas situações difíceis o coeficiente de fala egocêntrica quase duplicava, em comparação com o número normal observado por Piaget para crianças na mesma idade, e também em comparação com o nosso próprio número, para crianças que não tinham que se deparar com esses problemas. A criança tentaria dominar e remediar a situação, falando consigo mesma: "Onde está o lápis? Preciso de um lápis azul. Não faz mal, vou desenhar com o vermelho, e vou umedecê-lo com água; assim, vai ficar mais escuro, parecendo azul".

Nas mesmas atividades sem obstáculos, o coeficiente de fala egocêntrica era até mesmo inferior àquele observado por Piaget. Portanto, é legítimo pressupor que as interrupções no fluxo regular da atividade constituem um estímulo importante para a fala egocêntrica. Essa descoberta se ajusta às duas premissas a que Piaget se refere várias vezes em seu livro. Uma delas é a chamada lei da consciência, segundo a qual um obstáculo ou uma perturbação em uma atividade automática despertam, naquele que a pratica, a consciência dessa atividade. A outra premissa é de que a fala é uma expressão desse processo de conscientização.

Nossas descobertas indicam que a fala egocêntrica não permanece por muito tempo como um mero acompanhamento da atividade da criança. Além de ser um meio de expressão e de liberação da tensão, torna-se logo um instrumento do pensamento, no sentido próprio do termo – a busca e o planejamento da solução de um problema. Um acidente ocorrido durante uma de nossas experiências ilustra bem a forma como a fala egocêntrica pode alterar o curso de uma atividade: uma criança de cinco anos e meio estava desenhando um bonde, quando a ponta de seu lápis quebrou. Ela tentou, mesmo assim, completar o círculo de uma das rodas, pressionando fortemente o lápis sobre o papel, mas nada surgiu, a não ser uma linha funda e incolor. A criança murmurou para si mesma: "Está quebrado"; pôs o lápis de lado, pegou a aquarela e começou a desenhar um bonde *quebrado* em algum acidente; vez por outra, conversava consigo mesma a respeito da alteração em seu desenho. A expressão vocal egocêntrica da criança, provocada acidentalmente, afetou tão visivelmente a sua atividade, que é impossível considerá-la, erradamente, um mero subproduto, um acompanhamento que não interfere na melodia. Nossas experiências demonstraram alterações extremamente complexas na inter-relação da atividade com a fala egocêntrica. Observamos como a fala egocêntrica marcou, a princípio, o resultado final ou um momento crítico em uma atividade, deslocando-se em seguida, gradualmente, para o meio e, finalmente, para o início da atividade, assumindo uma função diretiva e estratégica e elevando a atividade da criança ao nível de um comportamento intencional. O que acontece, nesse caso, é semelhante à conhecida sequência evolutiva por meio da qual a criança dá nomes aos seus desenhos. Uma criança pequena primeiro desenha e só depois decide o que é que desenhou; uma criança um pouco mais velha dá nome ao seu desenho quando este está quase pronto e, por fim, decide de antemão o que pretende desenhar.

A concepção revista da função da fala egocêntrica deve também influenciar a nossa concepção de seu destino posterior, e terá de ser evocada no que diz respeito à questão do seu desaparecimento na idade escolar. As experiências podem nos dar um testemunho indireto quanto às causas desse desaparecimento, mas nenhuma resposta definitiva. Não obstante, os dados obtidos sugerem fortemente a hipótese de que a fala egocêntrica é um estágio transitório na evolução da fala oral para a fala interior. Em nossas experiências, as crianças mais velhas, quando se deparavam com obstáculos, comportavam-se de maneira diferente das mais novas. Frequentemente, examinavam a situação em silêncio e, em seguida, encontravam uma solução. Quando se perguntava a uma criança sobre o que ela estava pensando, as respostas eram muito semelhantes ao pensamento em voz alta na fase pré-escolar. Isso indicaria que as mesmas operações mentais realizadas pela criança em idade pré-escolar por meio da fala egocêntrica já estão, na criança em idade escolar, relegadas à fala interior silenciosa.

É claro que em Piaget não há nada no mesmo sentido, uma vez que, segundo ele, a fala egocêntrica simplesmente desaparece.

Em seus estudos, Piaget não elucida satisfatoriamente a questão do desenvolvimento da fala interior na criança. Mas como a fala interior e a fala egocêntrica sonora preenchem a mesma função, isso implicaria que, se a fala egocêntrica, como afirma Piaget, precede a fala socializada, então a fala interior também deve preceder a fala socializada – um pressuposto insustentável do ponto de vista genético.

A fala interior do adulto representa o "pensar para si próprio", muito mais do que adaptação social, isto é, desempenha a mesma função da fala egocêntrica nas crianças. Tem, também, as mesmas características estruturais: fora de contexto, seria incompreensível para os outros, uma vez que omite "mencionar" o que é óbvio para o "locutor". Essas semelhanças levam-nos a admitir que, ao desaparecer de vista, a fala egocêntrica não se atrofia simplesmente, mas "se esconde", isto é, transforma-se em fala interior. Nossa observação de que, na idade em que ocorre essa modificação, as crianças que estão passando por situações difíceis recorrem ora à fala egocêntrica, ora à reflexão silenciosa, indica que ambas podem ser funcionalmente equivalentes. É nossa a hipótese de que os processos da fala interior se desenvolvem e se estabilizam aproximadamente no início da idade escolar, e que isso provoca a súbita diminuição da fala egocêntrica observada naquele estágio.

Como nossas hipóteses são de âmbito limitado, acreditamos que nos ajudarão a ver, a partir de uma perspectiva nova e mais abrangente, a direção geral do desenvolvimento da fala e do pensamento. Segundo Piaget, as duas funções seguem uma mesma trajetória, da fala autística à fala socializada, da fantasia subjetiva à lógica das relações. No curso dessa transformação, a influência dos adultos é deformada pelos processos psíquicos das crianças, mas acaba sendo vitoriosa. Para Piaget, o desenvolvimento do pensamento é a história da socialização gradual dos estados mentais autísticos, profundamente íntimos e pessoais. Até mesmo a fala social é representada como sendo subsequente, e não anterior, à fala egocêntrica.

A hipótese que propomos inverte esse percurso. Observemos a direção do desenvolvimento do pensamento por um breve intervalo de tempo, desde o surgimento da fala egocêntrica até o seu desaparecimento, sob o ponto de vista do desenvolvimento da linguagem como um todo.

Consideramos que o desenvolvimento total evolui da seguinte forma: a função primordial da fala, tanto nas crianças quanto nos adultos, é a comunicação, o contato social. A fala mais primitiva da criança é, portanto, essencialmente social. A princípio, é global e multifuncional; posteriormente, suas funções tornam-se diferenciadas. Em certa idade, a fala social da criança divide-se muito nitidamente em fala egocêntrica e fala comunicativa. (Preferimos utilizar o termo *comunicativa* para o tipo de fala que Piaget chama de *socializada*, como se tivesse sido outra coisa antes de se tornar social. Do nosso ponto de vista, as duas formas, a comunicativa e a egocêntrica, são sociais, embora suas funções sejam diferentes.) A fala egocêntrica emerge quando a criança transfere formas sociais e cooperativas de comportamento para a esfera das funções psíquicas interiores e pessoais. A tendência da criança a transferir para os seus processos interiores os padrões de comportamento que inicialmente eram sociais é bastante conhecida por Piaget. Em outro contexto, ele descreve como as discussões entre crianças originam as primeiras manifestações da reflexão lógica. Acreditamos que algo semelhante acontece quando a criança começa a conversar consigo mesma da mesma forma que conversa com os outros. Quando as circunstâncias obrigam-na a parar e pensar, o mais provável é que ela pense em voz alta. A fala egocêntrica, dissociada da fala social geral, leva, com o tempo, à fala interior, que serve tanto ao pensamento autístico quanto ao pensamento lógico.

A fala egocêntrica, enquanto uma forma linguística separada, é o elo genético de extrema importância na transição da fala oral para a fala interior, um estágio intermediário entre a diferenciação das funções da fala oral e a transformação final de uma parte da fala oral em fala interior. É esse papel de transição da fala egocêntrica que lhe empresta um interesse teórico tão grande. Toda a concepção do desenvolvimento da fala varia profundamente, de acordo com a interpretação que for dada ao papel da fala egocêntrica: Desse modo, o nosso esquema de desenvolvimento – primeiro fala social, depois egocêntrica, e então interior – diverge tanto do esquema behaviorista – fala oral, sussurro, fala interior – quanto da sequência de Piaget que parte do pensamento autístico não verbal à fala socializada e ao pensamento lógico, através do pensamento e da fala egocêntricos. Segundo a nossa concepção, o verdadeiro curso do desenvolvimento do pensamento não vai do individual para o socializado, mas do social para o individual.

III

Dentro dos limites do presente estudo não é possível avaliar todos os aspectos da teoria de Piaget sobre o desenvolvimento intelectual; concentramos nosso interesse na sua concepção do papel do egocentrismo na relação evolutiva entre a linguagem e o pensamento. Vamos, no entanto, indicar resumidamente, entre os seus pressupostos teóricos e metodológicos básicos, aqueles que consideramos errôneos, bem como os fatos que ele deixa de examinar em sua caracterização do pensamento infantil.

A psicologia moderna, em geral, e a psicologia infantil, em particular, revelam uma tendência para combinar questões psicológicas e filosóficas. Um paciente do psicólogo alemão Ach resumiu muito bem essa tendência ao observar, ao término de uma sessão: "Mas isso é filosofia experimenta!!!". E, de fato, muitas das questões do complexo campo do pensamento infantil beiram a teoria do conhecimento, a lógica teórica e outros ramos da filosofia. Muitas vezes, Piaget aproxima-se inadvertidamente de uma ou de outra, mas, com notável coerência, corrige-se e se detém. Todavia, a despeito de sua intenção expressa de evitar teorizações, sua obra acaba extrapolando os limites da ciência factual pura. A recusa deliberada da filosofia já é, em si mesma, uma filosofia – e uma filosofia que pode envolver os seus proponentes em muitas contradições. Como exemplo, podemos citar a concepção de Piaget quanto ao papel ocupado pela explicação causal na ciência.

Ao apresentar suas descobertas, Piaget tenta abster-se de considerar as causas. Agindo assim, aproxima-se perigosamente daquilo que, na criança, ele chama de "pré-causalidade", embora possa ver sua abstenção como um sofisticado estágio "supracausal" em que o conceito de causalidade teria sido abandonado. Ele propõe que se substitua a explicação dos fenômenos em termos de causa e efeito por uma análise genética em termos de uma sequência temporal, e pela aplicação de uma fórmula, matematicamente concebida, da interdependência funcional dos fenômenos. No caso de dois fenômenos interdependentes, A e B, A pode ser considerado uma função de B, ou B uma função de A. O pesquisador reserva-se o direito de organizar sua descrição dos dados da forma que seja mais conveniente para os seus objetivos no momento, embora geralmente possa colocar os fenômenos de desenvolvimento mais primitivos em uma posição vantajosa, por serem mais explicativos do ponto de vista genético.

Essa substituição da interpretação funcional pela interpretação causal priva o conceito de desenvolvimento de qualquer conteúdo real. Muito embora Piaget reconheça que, ao discutir os fatores biológicos e sociais, o estudioso do desenvolvimento mental tem o dever de explicar a relação entre eles, sem negligenciar qualquer um, sua solução é a seguinte:

> Mas, para começar, é necessário escolher um dos idiomas em prejuízo do outro. Escolhemos o idioma sociológico, mas enfatizamos que nada há de exclusivo nisto – reservamo-nos o direito de voltar à explicação biológica do pensamento infantil e traduzir, em seus termos, a descrição que tentamos empreender aqui [*30*, p. 266].

Isso na verdade reduz toda a abordagem de Piaget a uma escolha puramente arbitrária.

A estrutura básica da teoria de Piaget apoia-se no pressuposto de uma sequência genética de duas formas opostas de intelecção, as quais, segundo a teoria psicanalítica, servem ao princípio do prazer e ao princípio da realidade. Do nosso ponto de vista, o impulso para a satisfação das necessidades e o impulso para a adaptação à realidade não podem ser considerados como coisas separadas entre si e mutuamente opostas. Uma necessidade só pode ser verdadeiramente satisfeita mediante certa adaptação à realidade. Além do mais, não há nada que se possa chamar de adaptação pela adaptação; esta é sempre dirigida pelas necessidades. Trata-se de um truísmo inexplicavelmente negligenciado por Piaget.

Piaget compartilha com Freud não só a concepção insustentável de um princípio do prazer anterior a um princípio da realidade, mas também a abordagem metafísica que eleva o desejo do prazer de seu verdadeiro *status*, o de fator secundário biologicamente importante, ao de uma força vital independente, força motriz primeira do desenvolvimento psíquico. Tendo separado a necessidade e o prazer da adaptação à realidade, Piaget é forçado pela lógica a apresentar o pensamento realista como algo dissociado das necessidades, interesses e desejos concretos, como "pensamento puro", cuja única função é a busca da verdade pela verdade.

O pensamento autístico – originalmente oposto ao pensamento realista, segundo o esquema proposto por Piaget – é, em nossa opinião, um desenvolvimento tardio, um resultado do pensamento realista e do seu corolário, o pensamento conceitual, que leva a um certo grau de autonomia da realidade, permitindo assim a satisfação, na fantasia, das necessidades frustradas durante a vida. Essa concepção do autismo é compatível com a de Bleuler [3]. O autismo é um dos efeitos da diferenciação e polarização das diversas funções do pensamento.

As nossas experiências trouxeram a primeiro plano outro aspecto importante, até então despercebido: o papel da atividade da criança na evolução de seus processos mentais. Vimos que a fala egocêntrica não paira no vazio, mas tem uma relação direta com o modo como a criança lida com o mundo real. Vimos que isso é parte integrante do processo de atividade racional, adquirindo inteligência, por assim dizer, a partir das ações intencionais da criança, que ainda são incipientes; e que a fala egocêntrica vai, progressivamente, tornando-se apropriada para planejar e resolver problemas, à medida que as atividades da criança tornam-se mais complexas. Esse processo é desencadeado pelas ações da criança; os objetos com os quais ela lida representam a realidade e dão forma aos seus processos mentais.

À luz desses fatos, as conclusões de Piaget requerem alguns esclarecimentos relativos a dois aspectos importantes. Em primeiro lugar, as peculiaridades do pensamento infantil discutidas por Piaget, tal como o sincretismo, não abrangem uma área tão extensa quanto ele imagina. Somos levados a supor (e nossas experiências nos autorizam a isso) que a criança pensa de forma sincrética sobre assuntos de que não tem conhecimento ou experiência, mas não recorre ao sincretismo com relação às coisas familiares ou que sejam de fácil comprovação prática – e o número dessas coisas depende do método de educação. Do mesmo modo, no âmbito do sincretismo propriamente dito, é de se esperar que encontremos alguns elementos precursores das futuras concepções causais que o próprio Piaget menciona de passagem. Os próprios esquemas sincréticos, a despeito de suas flutuações, levam gradualmente a criança a uma adaptação; sua utilidade não deve ser subestimada. Mais cedo ou mais tarde, por meio de uma rigorosa seleção, redução e adaptação mútua, serão transformados em excelentes instrumentos de investigação, nas áreas em que as hipóteses são passíveis de aplicação.

O segundo aspecto que precisa ser reavaliado e delimitado é a aplicabilidade das descobertas de Piaget às crianças em geral.

Suas experiências levaram-no a acreditar que a criança é impermeável às experiências. Piaget faz uma analogia que consideramos reveladora: o homem primitivo, diz ele, aprende a partir da experiência apenas em alguns poucos casos especiais e limitados de atividade prática – e cita a agricultura, a caça e a manufatura de objetos como exemplos desses casos raros.

> Mas esse contato efêmero e parcial com a realidade não afeta em nada o fluxo geral de seu pensamento. O mesmo se aplica, com mais verdade ainda, às crianças [*30*, p. 268-269].

No caso do homem primitivo, não chamaríamos a agricultura e a caça de contatos desprezíveis com a realidade, pois essas atividades constituem praticamente toda a sua existência. A concepção de Piaget pode ser válida para o grupo específico de crianças que estudou, mas não tem alcance universal. Ele próprio nos relata a causa da qualidade especial de pensamento que observou em suas crianças:

> A criança nunca estabelece um contato real e verdadeiro com as coisas, porque não trabalha. Ela brinca com as coisas, ou as aceita sem questioná-las [*30*, p. 269].

As uniformidades de desenvolvimento estabelecidas por Piaget aplicam-se ao meio dado, nas condições em que Piaget realizou seu estudo. Não são leis da natureza, mas sim leis histórica e socialmente determinadas. Piaget já foi criticado por Stern por não ter dado a devida importância à situação social e ao meio. O fato de a fala ser mais egocêntrica ou mais social depende não só da idade da criança, mas também das condições que a cercam. Piaget observou crianças brincando juntas em um determinado jardim de infância, e seus coeficientes são válidos apenas para esse meio infantil específico. Quando a atividade das crianças limita-se exclusivamente aos brinquedos, é acompanhada por um elevado grau de solilóquios. Stern mostra que nos jardins de infância alemães, onde havia mais atividade em grupo, o coeficiente de egocentrismo era um tanto menor, e que em casa a fala das crianças tende a ser predominantemente social desde muito cedo. Se isso é verdade, no que diz respeito às crianças alemãs, a diferença entre as crianças soviéticas e as crianças que Piaget estudou no jardim de infância, de Genebra, deve ser ainda maior. No prefácio que escreveu para a edição russa de seu livro, Piaget admite que é necessário comparar o comportamento de crianças com formação social diferente, para que possamos separar o aspecto social do individual em seu pensamento. Por essa razão, aceita com prazer a colaboração dos psicólogos soviéticos. De nossa parte, estamos convencidos de que o estudo do desenvolvimento do pensamento em crianças de um meio social diferente, e em especial de crianças que, ao contrário das estudadas por Piaget, trabalham, levará com certeza a resultados que nos permitirão formular leis com uma esfera de aplicação muito mais ampla.

3. A teoria de Stern sobre o desenvolvimento da linguagem

A parte mais conhecida do sistema de William Stern, e que vem ganhando terreno com o passar dos anos, é a sua concepção intelectualista do desenvolvimento da fala na criança. No entanto, é exatamente essa concepção que revela, de forma mais evidente, as limitações e incoerências do personalismo filosófico e psicológico de Stern, os seus fundamentos idealistas e a sua falta de validade científica.
O próprio Stern descreve o seu ponto de vista como "genético-personalista". Discutiremos o princípio personalista mais adiante. Vejamos, primeiro, como Stern aborda o aspecto genético. Afirmaremos, já de início, que a teoria dele, a exemplo de todas as teorias intelectualistas, é antidesenvolvimentista por sua própria natureza.
Stern distingue três raízes da fala: a tendência expressiva, a social e a "intencional". Enquanto as duas primeiras constituem também a base dos rudimentos de fala observados entre os animais, a terceira é especificamente humana. Stern define *intencionalidade*, nesse sentido, como uma meta voltada para um determinado conteúdo ou significado. "Em um determinado estágio de seu desenvolvimento psíquico", diz ele, "o homem adquire a capacidade de referir-se a algo objetivo por meio da emissão de sons" [*38*, p. 126]. Essencialmente, esses atos intencionais já

são atos de pensamento; seu aparecimento denota uma intelectualização e uma objetivação da fala.

Do mesmo modo que alguns autores representativos da nova psicologia do pensamento – embora em menor grau do que alguns deles –, Stern enfatiza a importância do fator lógico no desenvolvimento da linguagem. Nada temos contra a afirmação de que a fala humana desenvolvida possui um significado objetivo, pressupondo, assim, um certo nível no desenvolvimento do pensamento, e concordamos que é necessário levar em conta a íntima relação existente entre a linguagem e o pensamento lógico. O problema é que Stern considera a intencionalidade – um traço característico da fala desenvolvida que, convenientemente, exige uma explicação genética (isto é, como surgiu no processo evolutivo) – como uma das *raízes* do desenvolvimento da fala, uma força motriz, uma tendência inata, quase um impulso, de qualquer modo algo primordial, geneticamente equiparado às tendências expressiva e comunicativa – que de fato já podem ser encontradas nos primórdios da fala. Ao ver a intencionalidade dessa forma (*"die 'intentionale' Triebfeder des Sprachdranges"*), substituiu uma explicação genética por uma explicação intelectualista.

Esse método de "explicar" uma coisa pela própria coisa que precisa ser explicada é a falha básica de todas as teorias intelectualistas e, em particular, da teoria de Stern – daí o seu vazio geral e o seu caráter antigenético (traços característicos da fala desenvolvida são relegados aos seus primórdios). Stern responde à pergunta de como e por que a fala adquire significado afirmando que isso acontece por causa de sua tendência intencional, isto é, a tendência ao significado. Isso nos faz lembrar do médico de Molière, que explicou o efeito soporífero do ópio pelas suas propriedades soporíferas.

A partir da famosa descrição de Stern sobre a grande descoberta feita pela criança de um ano e meio ou dois, podemos verificar a que exageros a ênfase excessiva sobre os aspectos lógicos pode levar. Nessa idade, a criança percebe, pela primeira vez, que cada objeto tem o seu símbolo permanente, um padrão sonoro que o identifica – isto é, que cada coisa tem um *nome*. Stern acredita que uma criança de dois anos pode conscientizar-se dos símbolos e da necessidade destes, e considera essa descoberta já como um processo de pensamento no sentido próprio do termo:

> A compreensão da relação entre signo e significado que começa a manifestar-se na criança nessa idade é algo diferente, em princípio, da mera utilização de imagens sonoras, imagens de objetos e suas associações. E a exigência de que *cada* objeto, seja qual for, tenha um nome, pode ser considerada uma verdadeira generalização feita pela criança – possivelmente a primeira [*40*, p. 109-110].

Existirá algum fundamento factual ou teórico para se admitir que uma criança de um ano e meio ou dois tenha uma percepção da função simbólica da linguagem e uma consciência de uma regra geral, de um conceito geral? Todos os estudos realizados sobre esse problema, nos últimos 20 anos, sugerem uma resposta negativa.

Tudo o que sabemos sobre a mentalidade da criança de um ano e meio ou dois choca-se com a ideia de que ela possa ser capaz de realizar operações intelectuais tão complexas. Tanto a observação quanto os estudos experimentais indicam que só muito mais tarde a criança apreende a relação entre o signo e o significado, ou o uso funcional dos signos; isso está muito além do alcance de uma criança de dois anos. Além do mais, investigações experimentais sistemáticas demonstraram que a apreensão da relação entre signo e significado, e a transição para a fase em que a criança começa a operar com os signos, nunca resultam de uma descoberta ou invenção instantânea por parte da criança. Stern acredita que a criança descobre o significado da linguagem de uma vez por todas. Na verdade, se trata de um processo extremamente complexo, que tem sua "história natural" (isto é, os seus primórdios e formas de transição nos níveis mais primitivos de desenvolvimento), assim como sua "história cultural" (também com as suas séries de fases próprias e a sua própria evolução quantitativa, qualitativa e funcional, suas próprias leis e dinâmica).

Stern praticamente ignora todos os caminhos intrincados que levam ao amadurecimento da função do signo; sua concepção do desenvolvimento linguístico é extremamente simplificada. A criança de repente descobre que a fala tem significado: essa explicação' de como a fala adquire significado merece, de fato, ser agrupada com a teoria da invenção deliberada da linguagem, a teoria racionalista do contrato social, e outras teorias intelectualistas famosas. Todas elas negligenciam as realidades genéticas e não explicam nada realmente.

Factualmente, também, a teoria de Stern não se sustenta. Wallon, Koffka, Piaget, Delacroix e muitos outros, nos seus estudos de crianças normais, e K. Buehler, em seu estudo de crianças surdas-mudas, constataram: (1) que a descoberta da criança quanto à ligação entre palavra e objeto *não* leva imediatamente a uma clara percepção da relação simbólica entre signo e referente, característica do pensamento bem desenvolvido; que, por muito tempo, a criança considera a palavra como um atributo ou propriedade do objeto, e não um mero signo; e que a criança apreende a estrutura externa objeto-palavra antes que consiga apreender a relação interna entre o signo e o referente; e (2) que a descoberta feita pela criança não é, na verdade, repentina, da qual se possa precisar o instante exato em que ocorre. Uma série de longas e complexas transformações "moleculares" conduzem àquele momento crítico do desenvolvimento da fala.

Ao longo dos 20 anos decorridos desde a publicação do estudo de Stern, firmou-se a convicção de que a sua observação básica era correta, ou seja, há, de fato, um momento de descoberta que, para uma observação mais grosseira, parece repentino. O momento crítico decisivo no desenvolvimento linguístico, cultural e intelectual da criança, descoberto por Stern, realmente existe – embora ele estivesse errado ao dar-lhe uma interpretação intelectualista. Stern aponta dois sintomas objetivos da ocorrência dessa transformação crítica: o aparecimento de perguntas sobre os nomes dos objetos e o consequente aumento, acentuado e aos saltos, do vocabulário da criança, ambos de importância fundamental para o desenvolvimento da fala.

A busca ativa de palavras por parte da criança, que não tem similar no desenvolvimento da "fala" em animais, indica uma nova fase em sua evolução linguística. E por essa época que o "grandioso sistema de sinais da fala" (no dizer de Pavlov) surge para a criança, a partir da profusão de todos os outros sinais, e assume uma função específica no comportamento. Uma das grandes realizações de Stern foi ter estabelecido esse fato sobre uma sólida base de sintomas objetivos, razão por que a falha de sua explicação torna-se ainda mais surpreendente.

Ao contrário das outras duas raízes da linguagem, a expressiva e a comunicativa, cujo desenvolvimento tem sido traçado desde os animais de organização social mais inferior até os antropoides e o homem, a "tendência intencional" surge do nada: não tem história nem raízes. De acordo com Stern, é básica, primordial; brota espontaneamente e "de uma vez por todas". É essa a propensão que possibilita à criança descobrir a função da fala por meio de uma operação puramente lógica.

Na verdade, Stern não diz isso em tantas palavras assim. Ele envolveu-se em polêmicas não apenas com os proponentes das teorias anti-intelectualistas, que situam as origens da fala nas crianças exclusivamente nos processos afetivos-conativos, mas também com aqueles psicólogos que superestimam a capacidade de pensamento lógico das crianças. Stern não repete esse erro, mas comete outro ainda mais grave, à medida que atribui ao intelecto uma posição de primazia, quase metafísica, de origem e causa primeira, não analisável, da fala com significado.

De forma paradoxal, esse tipo de intelectualismo mostra-se particularmente inadequado para o estudo dos processos intelectuais, que à primeira vista pareceriam constituir a sua esfera de aplicação legítima. Poderíamos esperar que o fato de o significado da linguagem ser visto como resultado de uma operação intelectual em muito contribuísse para esclarecer a relação entre a fala e o pensamento. Na verdade, tal abordagem, ao estabelecer (como o faz) um intelecto *já formado*, bloqueia uma investigação das interações dialéticas entre o pensamento e a fala. O tratamento dado por Stern a esse aspecto fundamental do problema da linguagem é cheio de incoerências, e é a parte mais vulnerável de seu livro [*38*].

Tópicos tão importantes como a fala interior, seu surgimento e sua conexão com o pensamento são apenas mencionados por Stern. Ele só revê os resultados das investigações de Piaget sobre a fala egocêntrica ao discutir as conversas entre crianças, ignorando as funções, a estrutura e o significado evolutivo desse tipo de fala. De modo geral, Stern não consegue relacionar as complexas transformações funcionais e estruturais do pensamento ao desenvolvimento da fala.

Mesmo quando Stern faz uma caracterização correta de um fenômeno evolutivo, sua estrutura teórica impede-o de tirar as conclusões óbvias a partir de suas próprias observações. Esse fato torna-se ainda mais evidente na sua incapacidade para perceber as implicações de sua própria "tradução" das primeiras palavras da criança para a linguagem dos adultos. A interpretação dada às primeiras palavras da criança é a pedra de toque de todas as teorias da fala infantil; é o ponto de convergência onde todas as principais tendências das modernas teorias da fala se encontram e se cruzam. Poder-se-ia dizer, sem exagero, que toda a estrutura de urna teoria é determinada pela tradução das primeiras palavras da criança.

Stern acredita que essas palavras não devem ser interpretadas nem do ponto de vista puramente intelectualista, nem do ponto de vista puramente afetivo-conativo. Reconhece o grande mérito de Meumann ao opor-se à teoria intelectualista, segundo a qual as primeiras palavras de uma criança designam, na verdade, os objetos como tais [*28*]. No entanto, não compartilha o pressuposto de Meumann, de que as primeiras palavras nada mais são que a expressão das emoções e dos desejos da criança. Analisando as situações em que elas aparecem, ele prova conclusivamente que essas palavras contêm, ainda, uma determinada orientação em direção a um objeto, e que essa "referência objetiva", ou função designativa, em geral "predomina sobre o tom moderadamente emocional" [*38*, p. 183].

Eis como Stern traduz as primeiras palavras:

> O termo infantil *mamã*, traduzido para a fala desenvolvida, não significa "mãe", mas sim uma frase como "Mamã, vem cá", ou "Mamã, me dá", ou "Mamã, me põe na cadeira", ou "Mamã, me ajuda" [*38*, p. 180].

No entanto, quando observamos a criança em ação, fica muito claro que não é somente a palavra *mamã* que significa, digamos, "Mamãe, me põe na cadeira", mas o *comportamento todo da criança naquele momento* (seus movimentos em direção à cadeira, tentando agarrar-se a ela etc.). Aqui, a orientação "afetivo-conativa" em direção a um objeto (nas palavras de Meumann) é ainda inseparável da "tendência intencional" da fala: ambas constituem ainda um todo homogêneo, e a única tradução correta de *mamã*, ou de qualquer uma das primeiras palavras, é o gesto de apontar. De início, a palavra é um substituto convencional do gesto; aparece muito antes da crucial "descoberta da linguagem" por parte da criança, e antes que ela seja capaz de operações lógicas. O próprio Stern admite o papel mediador dos gestos, especialmente o de apontar, no estabelecimento do significado das primeiras palavras. A conclusão inevitável seria que o gesto de apontar é, de fato, um precursor da "tendência intencional". No entanto, Stern recusa-se a traçar a história genética dessa tendência. Para ele, esta não se desenvolve a partir de uma orientação afetiva em relação ao objeto que se aponta (gesto ou primeiras palavras) – aparece do nada e determina o surgimento do significado.

A mesma abordagem antigenética também caracteriza o tratamento que Stern dispensa a todas as outras questões importantes discutidas em seu livro, tais como o desenvolvimento dos conceitos e os estágios principais do desenvolvimento da fala e do pensamento. Nem poderia ser de outra forma: essa abordagem é uma consequência direta das premissas filosóficas do personalismo, que é o sistema desenvolvido por Stern.

Stern tenta ir além dos extremos do empirismo e do nativismo. Contrapõe sua visão pessoal do desenvolvimento da fala, por um lado, à visão de Wundt, segundo a qual a fala infantil é um produto do meio ambiente – enquanto a própria participação da criança é essencialmente passiva; por outro, à visão daqueles psicólogos para quem a fala primitiva (as onomatopeias e a chamada "tatebitate" dos bebês) é uma invenção de incontáveis gerações de crianças. Stern tem o cuidado de não negligenciar o papel da imitação no desenvolvimento da fala, ou o papel da atividade espontânea da criança, ao aplicar a essas questões o seu conceito de "convergência": a conquista da fala pela criança ocorre por meio de uma interação constante de disposições internas, que levam a criança à fala, e condições externas – isto é, a fala das pessoas ao seu redor –, que propiciam o estímulo e o material para a realização dessas disposições.

Para Stern, a convergência é um princípio geral a ser aplicado à explicação de todo o comportamento humano. Trata-se, certamente, de mais um dos exemplos em que podemos dizer, com Goethe: "As palavras da ciência ocultam a sua substância". A sonora palavra *convergência*, denotando aqui um princípio metodológico perfeitamente incontestável (isto é, que o desenvolvimento deveria ser estudado como um processo determinado pela interação do organismo e do meio ambiente), na verdade exime o autor da obrigação de analisar os fatores sociais e ambientais no desenvolvimento da fala. Stern afirma enfaticamente que o meio ambiente social é o principal fator no desenvolvimento da fala, mas na realidade ele restringe o seu papel apenas à aceleração ou ao retardamento do desenvolvimento, que obedece às suas próprias leis imanentes. Como tentamos mostrar, ao utilizar como exemplo sua explicação da origem do significado na fala, Stern superestimou os fatores orgânicos internos. Essa tendência é um resultado direto da estrutura personalista de referência. Para Stern, a "pessoa" é uma entidade psicofisicamente neutra que, "apesar da multiplicidade de suas funções parciais, manifesta uma atividade unitária, voltada para um objetivo" [*39*, p. 16]. Essa concepção idealista, monadista, da pessoa individual, leva naturalmente a uma teoria que vê a linguagem como algo enraizado na teleologia pessoal – daí o intelectualismo e a tendência antigenética da abordagem de Stern aos problemas do desenvolvimento linguístico. O personalismo de Stern, aplicado ao mecanismo eminentemente social do comportamento da fala, ignorando, como faz, o aspecto social da personalidade, leva a absurdos evidentes. Sua concepção metafísica da personalidade, que deriva todos os processos evolutivos de uma teleologia pessoal, inverte radicalmente as relações genéticas reais entre a personalidade e a linguagem: em vez de uma história evolutiva da personalidade em si, em que a linguagem desempenha um papel que está muito longe de ser secundário, temos a teoria metafísica, segundo a qual a personalidade gera a linguagem a partir da busca de objetivos, característica de sua própria natureza essencial.

4. As raízes genéticas do pensamento e da linguagem

I

O fato mais importante revelado pelo estudo genético do pensamento e da fala é que a relação entre ambos passa por várias mudanças. O progresso da fala não é paralelo ao progresso do pensamento. As curvas de crescimento de ambos cruzam-se muitas vezes; podem atingir o mesmo ponto e correr lado a lado, e até mesmo fundir-se por algum tempo, mas acabam se separando novamente. Isso se aplica tanto à filogenia como à ontogenia.

Nos animais, a fala e o pensamento têm origens diferentes e seguem cursos diferentes no seu desenvolvimento. Este fato é confirmado por estudos recentes que Koehler, Yerkes e outros realizaram com macacos antropoides. As experiências de Koehler provaram que o aparecimento de um intelecto embrionário nos animais – isto é, do pensamento no sentido próprio do termo – não está, de forma alguma, relacionado com a fala. As "invenções" desses macacos, ao fazerem e utilizarem instrumentos, ou ao encontrarem formas alternativas para a solução de problemas, apesar de serem, sem dúvida, um pensamento rudimentar, pertencem a uma fase pré-linguística da evolução do pensamento.

Na opinião de Koehler, suas investigações provam que o chimpanzé apresenta os rudimentos de um comportamento intelectual semelhante ao do homem. São a ausência da fala, "esse instrumento técnico auxiliar infinitamente valioso", e a pobreza de imagens, "o material intelectual mais importante", que explicam a enorme diferença entre os antropoides e o homem mais primitivo, e chegam até mesmo "a tornar impossível qualquer esboço de um desenvolvimento cultural no chimpanzé" [*18*, p. 191-192].

Há considerável discordância entre psicólogos de diferentes escolas no que diz respeito à interpretação teórica das descobertas de Koehler. Grande parte da literatura crítica que seus estudos originaram apresenta uma considerável variedade de pontos de vista. É muito significativo que ninguém questione os fatos de Koehler ou a dedução que nos interessa em particular: a independência entre as ações do chimpanzé e a fala. Isso é totalmente aceito, mesmo pelos psicólogos (como, por exemplo, Thorndike e Borovskij) que nada veem nas ações do chimpanzé além da mecânica do instinto e da aprendizagem por "tentativa e erro" – "absolutamente nada exceto o processo já conhecido da formação de hábitos" [*4*, p. 179] – e pelos introspeccionistas, que se recusam a rebaixar o intelecto ao nível até mesmo dos primatas mais avançados. Buehler diz, acertadamente, que as ações dos chimpanzés são totalmente dissociadas da fala, e que, no homem, o pensamento gerado pelo uso de instrumentos (*Werkzeugdenken*) também está muito menos ligado à fala e aos conceitos do que outras formas de pensamento.

A questão seria bem simples se os macacos não tivessem qualquer rudimento de linguagem, ou nada que se assemelhasse à fala. Mas no chimpanzé encontramos, de fato, uma "linguagem" relativamente bem desenvolvida em alguns aspectos – principalmente em termos fonéticos –, não muito diferente da fala humana. Uma característica notável dessa linguagem é o fato de ela funcionar separadamente de seu intelecto. Koehler, que estudou os chimpanzés durante muitos anos na *Canary Island Anthropoide Station*, afirma que suas expressões fonéticas denotam apenas desejos e estados subjetivos; expressam afetos, mas nunca um sinal de algo "objetivo" [*19*, p. 27]. Mas as fonéticas da linguagem do homem e dos chimpanzés têm tantos elementos em comum, que podemos supor, com segurança, que a ausência de uma fala semelhante à humana não se deve a nenhuma causa periférica. O chimpanzé é um animal extremamente gregário e reage energicamente à presença de outros de sua espécie. Koehler descreve formas altamente diversificadas de "comunicação linguística" entre os chimpanzés. Em primeiro plano está o seu vasto repertório de manifestações afetivas: expressões faciais, gestos, vocalização. Em seguida vêm os movimentos que expressam as emoções sociais: gestos amistosos etc. Os macacos são capazes de "entender" os gestos uns dos outros e de "expressar", por meio deles, desejos que envolvem outros animais. Geralmente, um chimpanzé dará início a um movimento ou ação que deseja que outro animal execute ou compartilhe com ele – por exemplo, irá empurrá-lo e executar os movimentos iniciais de caminhar para "convidar" o outro a segui-lo, ou fará o gesto de agarrar o ar para que o outro lhe ofereça uma banana. Todos esses gestos estão *diretamente* relacionados à própria ação. Koehler menciona que o experimentador acaba utilizando formas de comunicação elementares basicamente semelhantes, para mostrar aos macacos o que se espera deles.

Em geral, essas observações confirmam as opiniões de Wundt, segundo o qual os gestos de apontar (o primeiro estágio do desenvolvimento da fala humana) ainda não aparecem nos animais, mas alguns gestos dos macacos constituem uma forma de transição entre os atos de agarrar e de apontar [*56*, p. 219]. Consideramos esse gesto de transição um passo muito importante da expressão afetiva pura em direção à linguagem objetiva.

No entanto, não há provas de que os animais tenham atingido o estágio de representação objetiva em qualquer uma das suas atividades. Os chimpanzés de Koehler brincavam com barro colorido, "pintando" primeiro com os lábios e a língua, e depois com pincéis de verdade; mas esses animais – que normalmente transferem para as brincadeiras o uso de instrumentos e outras formas de comportamento aprendidas "seriamente" (isto é, em experiências) e que, inversamente, transferem seu comportamento brincalhão para a "vida real" – nunca demonstraram a menor intenção de representar o que quer que fosse em seus desenhos, nem o mais leve indício de atribuir qualquer significado objetivo aos seus produtos. Buehler afirma:

> Alguns fatos nos alertam sobre o perigo de se superestimar as ações dos chimpanzés. Sabemos que nenhum viajante jamais confundiu um gorila ou um chimpanzé com um homem, e que ninguém jamais observou entre eles qualquer dos instrumentos ou métodos tradicionais que, entre os homens, variam de tribo para tribo, mas que indicam a transmissão, de geração para geração, das descobertas feitas; nenhum rabisco sobre arenito ou argila que pudesse ser tomado por desenho representando algo, nem mesmo enfeites criados durante as brincadeiras; nenhuma forma de linguagem de representação, isto é, nenhum som equivalente a nomes. Todos esses fatos devem ter algumas causas intrínsecas [7, p. 20].

Entre todos os estudiosos modernos dos macacos antropoides, Yerkes parece ser o único capaz de explicar a ausência de fala sem atribuí-la às "causas intrínsecas". Sua pesquisa sobre o intelecto dos orangotangos forneceu dados muito semelhantes aos de Koehler; mas ele vai além em suas conclusões: admite uma "ideação mais elevada" nos orangotangos – ao nível, é verdade, de uma criança de três anos, no máximo [57, p. 132].

Yerkes deduziu a existência dessa ideação a partir apenas das semelhanças superficiais entre o comportamento dos seres humanos e o dos antropoides; não nos apresenta nenhuma prova objetiva de que os orangotangos resolvam problemas recorrendo à ideação, isto é, a imagens ou estímulos residuais. No estudo dos animais superiores, a analogia pode ser útil quando usada dentro dos limites da objetividade. Entretanto, basear uma hipótese na analogia é um procedimento pouco científico.

Koehler, por outro lado, foi além do mero uso da analogia ao explorar a natureza dos processos intelectuais do chimpanzé. Demonstrou, por meio da análise experimental precisa, que o êxito das ações dos animais dependia do fato de poderem ver, ao mesmo tempo, todos os elementos da situação – esse era um fator decisivo no seu comportamento. Se, especialmente durante as primeiras experiências, a vara que usavam para alcançar a fruta atrás das barras fosse movimentada lentamente, de modo que o instrumento (a vara) e o objetivo (a fruta) não pudessem ser vistos em um só relance, a solução do problema se tornava muito difícil, e muitas vezes impossível. Os macacos haviam aprendido a fazer um instrumento mais comprido enfiando uma vara na abertura de outra. Se as duas varas se cruzassem por acaso em suas mãos, formando um x, não poderiam executar a operação conhecida, muito praticada, de alongar a vara. Muitos outros exemplos semelhantes, baseados nos experimentos de Koehler, poderiam ser citados.

Koehler considera que a presença visual real de uma situação suficientemente simples é uma condição indispensável em qualquer investigação do intelecto dos chimpanzés, condição sem a qual seu intelecto não poderia funcionar; conclui que as limitações inerentes ao processo de criação de imagens (ou "ideação") são uma característica básica do comportamento intelectual do chimpanzé. Se aceitamos a tese de Koehler, então a hipótese de Yerkes parece ser mais do que controversa.

Juntamente com seus recentes estudos experimentais e suas observações do intelecto e da linguagem dos chimpanzés, Yerkes apresenta um novo material sobre seu desenvolvimento linguístico e uma nova e engenhosa teoria para explicar a ausência, neles, de uma fala real. "As reações vocais", diz ele, "são muito frequentes e variadas nos chimpanzés jovens, mas a fala no sentido humano não existe" [*58*, p. 53]. Seu aparelho fonador é tão desenvolvido e funciona tão bem quanto o do homem. O que lhes falta é a tendência para imitar sons. A sua mímica depende quase que totalmente de estímulos visuais; copiam ações, mas não sons. São incapazes de fazer o que o papagaio faz com tanto êxito.

Se a tendência a imitar que o papagaio apresenta fosse combinada com a dimensão do intelecto do chimpanzé, este último certamente seria dotado de fala, já que tem um aparelho fonador comparável ao do homem, assim como um intelecto de tipo e nível que o capacita a utilizar sons para produzir uma fala real [*58*, p. 53].

Em seus experimentos, Yerkes utilizou quatro métodos para ensinar os chimpanzés a falar. Nenhum deles obteve êxito.

É claro que, em princípio, esses fracassos nunca resolvem um problema. Nesse caso, ainda não sabemos se é ou não possível ensinar os chimpanzés a falar. Muitas vezes, a falha é do próprio experimentador. Koehler diz que, se os primeiros estudos acerca do intelecto do chimpanzé falharam em demonstrar que ele tinha algum tipo de intelecto, isto não ocorreu devido ao fato de os chimpanzés realmente não o possuírem, mas devido a métodos inadequados, ao desconhecimento dos limites de dificuldade dentro dos quais o intelecto do chimpanzé pode se manifestar, e ao desconhecimento de sua dependência de uma situação visual abrangente. "As investigações acerca da capacidade intelectual", dizia Koehler, "necessariamente testam tanto o pesquisador quanto o sujeito experimental" [*18*, p. 191].

Sem que esclarecessem a questão em princípio, os experimentos de Yerkes mostraram, mais uma vez, que os antropoides não possuem nada que se assemelhe à fala humana, nem mesmo em estado embrionário. Se relacionarmos isso com o que sabemos de outras fontes, poderemos supor que os macacos antropoides são provavelmente incapazes de produzir uma fala real.

Por que razão são incapazes de falar, já que têm o aparelho fonador e a gama de sons necessários? Yerkes atribui isso à incapacidade ou dificuldade de imitar sons. É muito provável que esta seja a causa imediata dos resultados negativos dos seus experimentos, mas talvez Yerkes esteja errado ao considerá-la como a causa principal da ausência de fala nos macacos. Embora apresente essa última tese como algo já estabelecido, ela é desmentida por tudo o que sabemos acerca do intelecto do chimpanzé.

Yerkes tinha à sua disposição um excelente meio para comprovar sua tese, o qual, por alguma razão, não usou, e ficaríamos satisfeitos em aplicá-lo, se tivéssemos condições materiais para isso. Deveríamos excluir o fator auditivo ao treinar os animais em uma habilidade linguística. A linguagem não depende necessariamente do som. Há, por exemplo, a linguagem dos surdos--mudos e a leitura dos lábios, que é também interpretação de movimentos. Na linguagem dos povos primitivos, os gestos têm um papel importante e são usados juntamente com o som. Em princípio, a linguagem não depende da natureza do material que utiliza. Se é verdade que os chimpanzés possuem o intelecto necessário para aprender algo análogo à linguagem humana, e que todo o problema reside na incapacidade de imitar sons, então eles deveriam ser capazes de dominar, em experimentos, alguns gestos convencionais, cuja função psicológica seria exatamente a mesma dos sons convencionais. Como o próprio Yerkes conjetura, os chimpanzés poderiam ser treinados, por exemplo, para se expressar por meio de gestos com as mãos, ao invés de sons. Não importa qual o meio, mas sim o *uso funcional dos signos*, de quaisquer signos que pudessem exercer um papel correspondente ao da fala nos homens.

Esse método ainda não foi testado, e não podemos ter certeza dos resultados a que poderia levar; mas tudo o que sabemos acerca do comportamento dos chimpanzés, inclusive os dados de Yerkes, não nos leva a crer que pudessem aprender a fala funcional. Nunca se teve qualquer indício de que eles usem signos. A única coisa que sabemos com certeza objetiva é que não possuem "ideação", mas, sob certas condições, são capazes de fazer instrumentos muito simples e de recorrer a "artifícios", desde que essas condições incluam uma situação perfeitamente visível e clara. Em todos os problemas que não envolvem estruturas visuais imediatamente perceptíveis, mas que se concentram em algum outro tipo de estrutura – mecânica, por exemplo –, os chimpanzés passaram de um comportamento de tipo intuitivo para o método puro e simples de tentativa e erro.

As condições exigidas para o funcionamento intelectual efetivo dos macacos antropoides são também as condições necessárias para se descobrir a fala ou o uso funcional dos signos? Definitivamente não. A descoberta da fala não pode, em nenhuma situação, depender de uma estruturação óptica. Exige uma operação mental de outro tipo. Não há nenhuma indicação, qualquer que seja, de que tal operação possa estar ao alcance dos chimpanzés, e a maioria dos investigadores admite que eles não possuem essa habilidade. A ausência dessa capacidade pode ser a principal diferença entre o intelecto humano e o intelecto do chimpanzé.

Koehler introduziu o termo *insight* (*Einsicht*) para as operações intelectuais acessíveis aos chimpanzés. A escolha do termo não é acidental. Kafka salientou que Koehler, ao empregá-lo, parece se referir essencialmente ao *ato de ver*, no sentido literal, e, somente por extensão, ao ato de "ver" as relações em geral, ou à compreensão em oposição à ação cega [*17*, p. 130].

Deve-se acrescentar que Koehler nunca define *insight*, nem esclarece a sua teoria. Na ausência de interpretação teórica, o termo é empregado de uma forma um tanto ambígua: às vezes denota as características específicas da própria operação, a estrutura das ações dos chimpanzés; outras vezes, indica o processo psicológico que precede e prepara essas ações, um "plano de operações" interno, por assim dizer. Koehler não antecipa qualquer hipótese sobre o mecanismo da reação intelectual, mas é claro que, qualquer que seja o seu funcionamento e onde quer que localizemos o intelecto – nas próprias ações do chimpanzé ou em algum processo preparatório interno (cerebral ou neuromuscular) –, permanece válida a tese de que essa reação não é determinada por vestígios de memória, mas pelo modo como a ação se configura visualmente. Mesmo o melhor instrumento para a solução de dado problema não será utilizado pelo chimpanzé se ele não puder vê-lo ao mesmo tempo, ou quase ao mesmo tempo, que o objetivo[1]. Portanto, o fato de levarmos em consideração o *insight* não altera a nossa conclusão de que o chimpanzé, ainda que apresentasse os dons do papagaio, seria com certeza incapaz de falar.

No entanto, como já dissemos, o chimpanzé possui uma linguagem própria bastante rica. O colaborador de Yerkes, Learned, compilou um dicionário de 32 elementos, ou "vocábulos", que não só se assemelham à fala humana, em termos fonéticos, mas também têm um certo significado, no sentido de que derivam de determinadas situações ou objetos relacionados com o prazer ou o desprazer, ou que inspirem desejo, ressentimento, medo etc. [*58*, p. 54]. Esses "vocábulos" foram registrados enquanto os macacos estavam esperando que os alimentassem, ou durante as refeições, na presença de humanos e quando dois chimpanzés estavam sozinhos. São reações vocais afetivas mais ou menos diferenciadas – e, até certo ponto, relacionadas –, à semelhança de um reflexo condicionado, com os estímulos ligados à alimentação ou outras situações vitais: uma linguagem estritamente emocional.

Em relação a essa descrição da fala dos macacos antropoides, gostaríamos de salientar três pontos: primeiro, a coincidência da produção sonora com os gestos afetivos, observados

....
1. Por "percepção quase simultânea" Koehler refere-se aos exemplos em que o instrumento e o objetivo foram vistos em conjunto um momento antes, ou quando foram tantas vezes usados em conjunto, em uma situação idêntica, que são, para todos os propósitos, percebidos psicologicamente ao mesmo tempo [*18*, p. 39].

principalmente quando os chimpanzés estão muito excitados, não se limita aos antropoides – ao contrário, é muito comum entre animais dotados de voz. A fala humana certamente originou-se do mesmo tipo de reações vocais expressivas. Segundo, os estados afetivos que produzem muitas reações vocais nos chimpanzés são desfavoráveis ao funcionamento do intelecto. Koehler menciona repetidamente que, nos chimpanzés, as reações emocionais, especialmente as muito intensas, excluem uma operação intelectual simultânea. Terceiro, deve-se salientar, mais uma vez, que a descarga emocional não é a única função da fala entre os macacos antropoides. Como em outros animais, e no próprio homem, também é um meio de contato psicológico com outros de sua espécie. Tanto nos chimpanzés de Yerkes e Learned, como nos macacos observados por Koehler, essa função da fala é óbvia. Não está, no entanto, relacionada com reações intelectuais, isto é, com o pensamento. Ela se origina da emoção e é claramente uma parte da síndrome emocional total, mas uma parte que exerce uma função específica, tanto biológica quanto psicologicamente. Está longe de ser uma tentativa intencional e consciente de influenciar ou informar os outros. Em essência, é uma reação instintiva ou algo extremamente semelhante.

Dificilmente se pode questionar o fato de que, em termos biológicos, essa função da fala é uma das mais primitivas e está geneticamente relacionada com os sinais visuais e vocais emitidos pelos chefes dos grupos de animais. Em um estudo recentemente publicado acerca da linguagem das abelhas, K. von Frisch descreve formas de comportamento muito interessantes e teoricamente importantes, que servem para o intercâmbio ou contato [*10*] e que, sem dúvida, se originam do instinto. Apesar das diferenças fenotípicas, essas manifestações de comportamento são basicamente semelhantes ao intercâmbio linguístico dos chimpanzés. Essa semelhança reforça uma vez mais a independência das "comunicações" dos chimpanzés em relação a qualquer atividade intelectual.

Realizamos essa análise de vários estudos sobre a linguagem e o intelecto dos macacos antropoides para elucidar a relação entre o pensamento e a fala no desenvolvimento filogenético dessas funções. Podemos agora resumir nossas conclusões, que serão úteis na análise posterior do problema:

1. O pensamento e a fala têm raízes genéticas diferentes.
2. As duas funções se desenvolvem ao longo de trajetórias diferentes e independentes.
3. Não há qualquer relação clara e constante entre elas.
4. Os antropoides apresentam um intelecto um tanto parecido com o do homem, *em certos aspectos* (o uso embrionário de instrumentos), e uma linguagem muito semelhante à do homem, *em aspectos totalmente diferentes* (o aspecto fonético da sua fala, sua função de descarga emocional, o início de uma função social).
5. A estreita correspondência entre o pensamento e a fala, característica do homem, não existe nos antropoides.
6. Na filogenia do pensamento e da fala, pode-se distinguir claramente uma fase pré-linguística no desenvolvimento do pensamento e uma fase pré-intelectual no desenvolvimento da fala.

II

Ontogeneticamente, a relação entre o desenvolvimento do pensamento e o da fala é muito mais complexa e obscura; mas também aqui podemos distinguir duas linhas separadas, derivadas de duas raízes genéticas diferentes.

A existência de uma fase pré-verbal na evolução do pensamento durante a infância só recentemente foi corroborada por provas objetivas. As experiências de Koehler com chimpanzés, adequadamente modificadas, foram realizadas com crianças que ainda não haviam aprendido a falar. Ocasionalmente, o próprio Koehler desenvolveu alguns experimentos com crianças, com o objetivo de estabelecer comparações, e Buehler realizou, nas mesmas bases, um estudo sistemático de uma criança. As descobertas foram semelhantes para as crianças e para os macacos antropoides. As ações das crianças, diz Buehler,

> eram exatamente como as dos chimpanzés, de forma que essa fase da vida da criança poderia ser chamada, com maior precisão, de *idade chimpanzoide*; na criança que observamos correspondia ao 10º, 11º e 12º meses ... Na idade chimpanzoide ocorrem as primeiras invenções da criança – muito primitivas, é claro, mas extremamente importantes para o seu desenvolvimento mental [7, p. 46].

O que é teoricamente mais importante nesses experimentos, assim como nos dos chimpanzés, é a descoberta da independência das reações intelectuais rudimentares em relação à fala. Observando isso, Buehler comenta:

> Costumava-se dizer que a fala era o princípio da hominização (*Menschwerden*); talvez sim, mas antes da fala há o pensamento associado à utilização de instrumentos, isto é, a compreensão das relações mecânicas, e a criação de meios mecânicos para fins mecânicos; ou, em resumo, antes do aparecimento da fala a ação se torna subjetivamente significativa – em outras palavras, conscientemente intencional [7, p. 48].

As raízes pré-intelectuais da fala no desenvolvimento da criança são há muito conhecidas. O balbucio e o choro da criança, mesmo suas primeiras palavras, são claramente estágios do desenvolvimento da fala que não têm nenhuma relação com a evolução do pensamento. Essas manifestações geralmente têm sido consideradas uma forma de comportamento predominantemente emocional. Entretanto, nem todas se limitam à função de descarga emocional. Pesquisas recentes acerca das primeiras formas de comportamento da criança e das suas primeiras reações à voz humana (realizadas por Charlotte Buehler e seu grupo) mostraram que a função social da fala já é aparente durante o primeiro ano, isto é, na fase pré-intelectual do desenvolvimento da fala. Reações bastante definidas à voz humana foram observadas já no início da terceira semana de vida, e a primeira reação especificamente social à voz, durante o segundo mês [5, p. 124]. Essas investigações também demonstraram que as risadas, os sons inarticulados, os movimentos etc., são meios de contato social a partir dos primeiros meses de vida da criança.

Assim, as duas funções da fala que observamos no desenvolvimento filogenético aparecem, e são evidentes, antes mesmo do primeiro ano de vida.

Mas a descoberta mais importante é que, em um certo momento, mais ou menos aos dois anos, as curvas da evolução do pensamento e da fala, até então separadas, encontram-se e unem-se para iniciar uma nova forma de comportamento. O relato de Stern sobre esse importante evento foi o primeiro e o melhor. Ele mostrou como a vontade de dominar a linguagem se segue à primeira percepção difusa do propósito da fala, quando a criança "faz a maior descoberta de sua vida", a de que "cada coisa tem seu nome" [40, p. 108].

Esse instante crucial, em que a fala começa a servir ao intelecto, e os pensamentos começam a ser verbalizados, é indicado por dois sintomas objetivos inconfundíveis: (1) a curiosidade ativa e repentina da criança pelas palavras, suas perguntas sobre cada coisa nova ("O que é isto?"); e (2) a consequente ampliação de seu vocabulário, que ocorre de forma rápida e aos saltos.

Antes desse momento crítico, a criança – como alguns animais – reconhece de fato um pequeno número de palavras que, como ocorre no condicionamento, substituem objetos, pessoas, ações, estados ou desejos. Nessa idade, a criança conhece apenas as palavras que aprende com outras pessoas. Agora a situação muda: a criança sente a necessidade das palavras e, ao fazer perguntas, tenta ativamente aprender os signos vinculados aos objetos. Ela parece ter descoberto a função simbólica das palavras. A fala, que na primeira fase era afetivo-conativa, agora passa para a fase intelectual. As linhas do desenvolvimento da fala e do pensamento se encontram.

Nesse ponto ata-se o nó do problema do pensamento e da linguagem. Vamos parar por um momento e examinar o que acontece, exatamente, quando a criança faz "a sua maior descoberta", e verificar se a interpretação de Stern está correta.

Buehler e Koffka comparam essa descoberta às invenções dos chimpanzés. Segundo Koffka, uma vez descoberto pela criança, o nome passa a fazer parte da estrutura do objeto, da mesma maneira que a vara torna-se parte da situação de querer pegar a fruta [20, p. 243].

Discutiremos a validade dessa analogia mais tarde, ao examinar as relações funcionais e estruturais entre o pensamento e a fala. Por ora, nos limitaremos a observar que "a maior descoberta da criança" só é possível quando já se atingiu um nível relativamente elevado do desenvolvimento do pensamento e da fala. Em outras palavras, a fala não pode ser "descoberta" sem o pensamento.

Em resumo, devemos concluir que:

1. No seu desenvolvimento ontogenético, o pensamento e a fala têm raízes diferentes.

2. Podemos, com certeza, estabelecer, no desenvolvimento da fala da criança, um estágio pré-intelectual; e no desenvolvimento de seu pensamento, um estágio pré-linguístico.

3. A certa altura, essas linhas se encontram; consequentemente, o pensamento torna-se verbal e a fala racional.

III

Qualquer que seja a abordagem adotada para o controverso problema da relação entre o pensamento e a fala, teremos que fazer um extenso estudo *da fala interior*. Sua importância para o nosso pensamento é tão grande, que muitos psicólogos, inclusive Watson, chegam até mesmo a identificá-la com o pensamento – que consideram uma fala inibida e silenciosa. Mas a psicologia ainda não sabe como se dá a passagem da fala aberta para a fala interior, nem em que idade, por qual processo e por que ocorre.

Watson diz que não sabemos em que ponto de sua organização da fala as crianças passam da fala aberta para o sussurro e, depois, para a fala interior, pois o problema só foi estudado de forma casual. Nossas próprias pesquisas levam-nos a crer que Watson coloca o problema incorretamente. Não há qualquer razão válida para se supor que a fala interior se desenvolve de alguma forma mecânica, por meio de uma diminuição gradual na audibilidade da fala (sussurros).

É verdade que Watson menciona outra possibilidade: "Talvez", diz ele, "todas as três formas se desenvolvam simultaneamente" [*54*, p. 322]. Essa hipótese parece-nos tão infundada do ponto de vista genético quanto a sequência: fala em voz alta, sussurro, fala interior. Nenhum dado objetivo reforça esse *talvez*. Contra ele testemunham as profundas diferenças entre a fala exterior e a fala interior, reconhecidas por todos os psicólogos, inclusive Watson. Não há razão para se supor que os dois processos, tão diferentes em termos *funcionais* (adaptação social em oposição à individual) e *estruturais* (a economia extrema, elíptica, da fala interior, que altera o padrão da fala a ponto de torná-la quase irreconhecível), possam ser *geneticamente* paralelos e simultâneos. Nem nos parece plausível (para voltar à tese principal de Watson) que sejam interligados pela fala sussurrada, a qual não pode ser considerada – seja em termos de função ou de estrutura – uma fase de transição entre a fala exterior e a interior. Ela se situa entre as duas apenas fenotipicamente, e não genotipicamente.

Nossos estudos acerca do sussurro em crianças pequenas comprovam plenamente esse fato. Descobrimos que, no tocante à estrutura, quase não há diferença entre sussurrar e falar alto;

quanto à função, o sussurro difere profundamente da fala interior e nem mesmo manifesta uma tendência para assumir as características típicas desta última. Além disso, não se desenvolve espontaneamente até a idade escolar, embora possa ser induzido muito cedo: sob pressão social, uma criança de três anos pode, por períodos curtos e com muito esforço, abaixar a voz ou sussurrar. Esse é o único ponto que parece confirmar a opinião de Watson.

Embora discordemos da tese de Watson, acreditamos que ele acertou quanto à abordagem metodológica: para solucionar o problema, precisamos procurar o elo intermediário entre a fala aberta e a fala interior.

Estamos inclinados a ver esse elo na fala egocêntrica da criança, descrita por Piaget, a qual, além de seu papel de acompanhar a atividade da criança e de sua função de descarga emocional, rapidamente assume uma função planejadora, isto é, transforma-se, de maneira fácil e natural, no pensamento propriamente dito.

Se a nossa hipótese estiver realmente correta, devemos concluir que a fala é interiorizada psicologicamente antes de ser interiorizada fisicamente. A fala egocêntrica é, quanto a suas funções, a fala interior; é a fala em sua trajetória para a interiorização; intimamente ligada à organização do comportamento da criança, já parcialmente incompreensível para outras pessoas, embora explícita em sua forma e sem apresentar nenhuma tendência para se transformar em sussurro ou qualquer outra forma de fala a meio tom.

Deveríamos então explicar, também, *por que* a fala se interioriza. Interioriza-se porque sua função muda. Seu desenvolvimento ainda deveria ter três fases – não as encontradas por Watson, mas as seguintes: fala exterior, fala egocêntrica, fala interior. Deveríamos também ter à nossa disposição um método excelente para estudar a fala interior "ao vivo", por assim dizer, enquanto suas peculiaridades funcionais e estruturais estivessem sendo moldadas; seria um método objetivo, pois essas peculiaridades aparecem quando a fala ainda é audível, isto é, acessível à observação e à mensuração.

Nossas investigações mostram que o desenvolvimento da fala segue o mesmo curso e obedece às mesmas leis que o desenvolvimento de todas as outras operações mentais que envolvem o uso de signos, tais como o ato de contar ou a memorização mnemônica. Descobrimos que essas operações geralmente se desenvolvem em quatro estágios. O primeiro é o estágio natural ou primitivo, correspondendo à fala pré-intelectual e ao pensamento pré-verbal, quando estas operações aparecem em sua forma original, tal como evoluíram na fase primitiva do comportamento.

Em seguida vem o estágio que podemos chamar de "psicologia ingênua", por analogia com a chamada "física ingênua" – a experiência da criança com as propriedades físicas do seu próprio corpo e dos objetos à sua volta, e a aplicação dessa experiência ao uso de instrumentos: o primeiro exercício da inteligência prática que está brotando na criança.

Essa fase está muito claramente definida no desenvolvimento da fala da criança. Manifesta-se pelo uso correto das formas e estruturas gramaticais antes que a criança tenha entendido as operações lógicas que representam. A criança pode operar com orações subordinadas, com palavras como *porque*, *se*, *quando* e *mas*, muito antes de aprender realmente as relações causais, condicionais e temporais. Domina a sintaxe da fala antes da sintaxe do pensamento. Os estudos de Piaget provaram que a gramática se desenvolve antes da lógica, e que a criança aprende relativamente tarde as operações mentais que correspondem às formas verbais que vem usando há muito tempo.

Com a acumulação gradual da experiência psicológica ingênua, a criança passa para o terceiro estágio, que se caracteriza por signos exteriores, operações externas que são usadas como auxiliares na solução de problemas internos. É o estágio em que a criança conta com os dedos, recorre a auxiliares mnemônicos etc. No desenvolvimento da fala, esse estágio se caracteriza pela fala egocêntrica.

O quarto estágio é denominado estágio de "crescimento interior". As operações externas se interiorizam e passam por uma profunda mudança no processo. A criança começa a contar mentalmente, a usar a "memória lógica", isto é, a operar com relações intrínsecas e signos interiores. No desenvolvimento da fala, este é o estágio final da fala interior, silenciosa. Continua a existir uma interação constante entre as operações externas e internas, uma forma se transformando na outra sem esforço e com frequência, e vice-versa. Quanto à forma, a fala interior pode se aproximar muito da fala exterior, ou mesmo tornar-se exatamente igual a esta última, quando serve de preparação para a fala exterior – por exemplo, quando se repassa mentalmente uma conferência a ser dada. Não existe nenhuma divisão clara entre o comportamento interno e externo, e um influencia o outro.

Ao considerar a função da fala interior nos adultos, depois que o desenvolvimento se completou, devemos questionar se, no caso deles, o pensamento e os processos linguísticos estão necessariamente ligados, e se ambos podem ser igualados. Mais uma vez, como no caso dos animais e das crianças, a resposta deve ser "não".

Esquematicamente, podemos imaginar o pensamento e a fala como dois círculos que se cruzam. Nas partes que coincidem, o pensamento e a fala se unem para produzir o que se chama de pensamento verbal. O pensamento verbal, entretanto, não abrange de modo algum todas as formas de pensamento ou de fala. Há uma vasta área do pensamento que não mantém relação direta com a fala. O pensamento manifestado no uso de instrumentos pertence a essa área, da mesma forma que o intelecto prático em geral. Além disso, as investigações feitas pelos psicólogos da escola de Würzburg demonstraram que o pensamento pode funcionar sem quaisquer imagens verbais ou movimentos de fala detectáveis pela auto-observação. Os experimentos mais recentes também mostram que não há nenhuma correspondência direta entre a fala interior e os movimentos da língua ou da laringe do indivíduo observado.

Também não há qualquer razão psicológica para se considerar que todas as formas de atividade verbal sejam derivadas do pensamento. Não pode existir nenhum processo de pensamento quando um indivíduo recita silenciosamente um poema aprendido de cor ou repete mentalmente uma frase que lhe foi ensinada para fins experimentais – apesar das ideias de Watson. Finalmente, há a fala "lírica", compelida pela emoção. Embora tenha todas as características da fala, dificilmente pode ser classificada como atividade intelectual, no verdadeiro sentido da palavra.

Somos, portanto, forçados a concluir que a fusão de pensamento e fala, tanto nos adultos como nas crianças, é um fenômeno limitado a uma área circunscrita. O pensamento não verbal e a fala não intelectual não participam dessa fusão e só indiretamente são afetados pelos processos do pensamento verbal.

IV

Podemos agora resumir os resultados da nossa análise. Começamos tentando traçar a genealogia do pensamento e da fala, usando os dados da psicologia comparativa. Esses dados são insuficientes para se delinear, com qualquer grau de certeza, a evolução do pensamento e da fala pré-humanos. A questão básica, ou seja, se os antropoides possuem o mesmo tipo de intelecto que o homem, ainda gera controvérsias. Koehler responde afirmativamente, outros negativamente. Mas, embora esse problema possa ser solucionado por investigações futuras, um fato já é claro: no mundo animal, o caminho em direção a um intelecto semelhante ao humano não é o mesmo em direção a uma fala semelhante à humana; pensamento e fala não derivam de uma mesma raiz.

Mesmo aqueles que negam a existência de um intelecto nos chimpanzés não podem negar que os macacos antropoides apresentam algo *que se aproxima do intelecto*, e que o tipo mais elevado de formação de hábitos que manifestam é um intelecto em estado embrionário. A maneira como usam os instrumentos prefigura o comportamento humano. Para os marxistas, as descobertas de Koehler não constituem nenhuma surpresa. Marx [*27*] disse, há muito tempo, que o uso e a criação de ferramentas de trabalho, embora presentes, de forma embrionária, em algumas espécies de animais, são uma característica específica do processo de trabalho humano. A tese de que as raízes do intelecto humano podem ser encontradas no reino animal já foi há muito aceita pelo marxismo; encontramos sua elaboração em Plekhanov [*34*, p. 138]. Engels [*9*] escreveu que o homem e os animais têm as mesmas formas de atividade intelectual, e que somente o seu grau de desenvolvimento difere: os animais são capazes de raciocinar em um nível elementar, de analisar (quebrar uma noz é um início de análise), de experimentar quando se deparam com um problema ou situação difícil. Alguns animais, como o papagaio, por exemplo, podem não só aprender a falar, como também utilizar palavras cheias de significado, em um sentido restrito: quando quiser algo, usará as palavras com as quais será recompensado com um petisco; quando importunado, soltará as invectivas mais fortes de seu vocabulário.

É desnecessário dizer que Engels não atribui aos animais a capacidade de pensar e falar ao nível humano, mas não precisamos, a esta altura, nos deter no significado exato de sua afirmação. Pretendemos apenas provar que não há qualquer razão real para se negar nos animais a existência, em estado embrionário, de um pensamento e uma linguagem semelhantes aos do homem e que, assim como neste último, se desenvolvem ao longo de caminhos distintos. A capacidade de expressão oral de um animal não dá nenhuma indicação de seu desenvolvimento mental.

Vamos agora resumir os dados relevantes obtidos em estudos recentes acerca das crianças. Descobrimos que também na criança as raízes e o curso do desenvolvimento do intelecto diferem dos da fala – inicialmente, o pensamento é não verbal e a fala, não intelectual. Stern afirma que as duas linhas de desenvolvimento encontram-se em um determinado ponto; a fala torna-se racional e o pensamento, verbal. A criança "descobre" que "cada coisa tem seu nome" e começa a perguntar como se chama cada objeto.

Alguns psicólogos [*8*] não concordam com Stern que essa primeira "idade das perguntas" seja comum a todas as crianças e seja, necessariamente, um sintoma de qualquer descoberta repentina. Koffka assume uma posição intermediária entre Stern e seus opositores. Como Buehler, enfatiza a analogia entre a invenção de instrumentos pelos chimpanzés e a descoberta, pela criança, da função nominativa da linguagem, mas o âmbito dessa descoberta, segundo ele, não é tão amplo quanto Stern presume. Para Koffka, a palavra torna-se parte da estrutura do objeto, tendo o mesmo valor que as outras partes. Por um certo tempo é, para a criança, não um signo, mas apenas uma das propriedades do objeto, que precisa ser fornecida para completar sua estrutura. Como Buehler salientou, cada objeto novo apresenta para a criança uma situação problemática, e ela resolve o problema uniformemente, nomeando o objeto. Quando não conhece a palavra para designar o objeto novo, pergunta aos adultos [*7*, p. 54].

Acreditamos que essa visão é a que mais se aproxima da verdade. Os dados sobre a linguagem infantil (confirmados pelos dados antropológicos) sugerem firmemente que, por um longo tempo, a palavra é para a criança uma propriedade do objeto, mais do que um símbolo deste; que a criança capta a estrutura externa palavra-objeto mais cedo do que a estrutura simbólica interna. Escolhemos essa hipótese "intermediária", entre as várias oferecidas, porque achamos extremamente difícil acreditar, com base nos dados disponíveis, que uma criança de dezoito meses a dois anos seja capaz de "descobrir" a função simbólica da fala. Isso ocorre mais tarde, e não de repente, mas de forma gradual, por meio de uma série de mudanças "moleculares". A hipótese que escolhemos está de acordo com o padrão geral de desenvolvimento do domínio dos signos, que esboçamos na seção anterior. Mesmo em uma criança em idade escolar, o uso funcional de um novo signo é precedido por um período de domínio da estrutura externa do signo. Da mesma forma, somente ao operar com palavras que foram primeiro concebidas como propriedades dos objetos, é que a criança descobre e consolida a sua função como signos.

Assim, a tese da "descoberta" de Stern exige uma reavaliação e uma limitação. Seu princípio básico, entretanto, permanece válido: é claro que, ontogeneticamente, o pensamento e a fala se desenvolvem ao longo de linhas distintas e que, em um certo ponto, essas linhas se encontram. Esse fato importante está agora definitivamente estabelecido, seja qual for a conclusão a que os estudos posteriores possam chegar quanto aos detalhes sobre os quais os psicólogos ainda discordam: se esse encontro ocorre em um ponto ou em vários pontos; como uma descoberta realmente súbita, ou depois de uma longa preparação através do uso prático e de uma lenta mudança funcional; se ocorre aos dois anos ou na idade escolar.

Resumiremos agora a nossa pesquisa sobre a fala interior. Aqui, também, consideramos várias hipóteses e chegamos à conclusão de que a fala interior se desenvolve mediante um lento acúmulo de mudanças estruturais e funcionais; que se separa da fala exterior das crianças ao mesmo tempo que ocorre a diferenciação das funções social e egocêntrica da fala; e, finalmente, que as estruturas da fala dominadas pela criança tornam-se estruturas básicas de seu pensamento.

Isto nos leva a outro fato inquestionável e de grande importância: o desenvolvimento do pensamento é determinado pela linguagem, isto é, pelos instrumentos linguísticos do pensamento e pela experiência sociocultural da criança. Basicamente, o desenvolvimento da fala interior depende de fatores externos: o desenvolvimento da lógica na criança, como os estudos de Piaget demonstraram, é uma função direta de sua fala socializada. O crescimento intelectual da criança depende de seu domínio dos meios sociais do pensamento, isto é, da linguagem.

Podemos agora formular as principais conclusões a que chegamos a partir da nossa análise. Se compararmos o desenvolvimento inicial da fala e do intelecto – que, como vimos, se desenvolvem ao longo de linhas diferentes tanto nos animais como nas crianças muito novas – com o desenvolvimento da fala interior e do pensamento verbal, devemos concluir que o último estágio não é uma simples continuação do primeiro. *A natureza do próprio desenvolvimento se transforma*, do biológico para o sócio-histórico. O pensamento verbal não é uma forma de comportamento natural e inata, mas é determinado por um processo histórico-cultural e tem propriedades e leis específicas que não podem ser encontradas nas formas naturais de pensamento e fala. Uma vez admitido o caráter histórico do pensamento verbal, devemos considerá-lo sujeito a todas as premissas do materialismo histórico, que são válidas para qualquer fenômeno histórico na sociedade humana. Espera-se apenas que, neste nível, o desenvolvimento do comportamento seja regido essencialmente pelas leis gerais da evolução histórica da sociedade humana.

O problema do pensamento e da linguagem estende-se, portanto, para além dos limites da ciência natural e torna-se o problema central da psicologia humana histórica, isto é, da psicologia social. Consequentemente, deve ser colocado de outra forma. Esse segundo problema apresentado pelo estudo do pensamento e da fala será o tema de uma outra pesquisa.

5. Um estudo experimental da formação de conceitos

I

Até há pouco tempo, o estudioso da formação de conceitos tinha sua tarefa dificultada pela falta de um método experimental que lhe permitisse observar a dinâmica interna do processo. Os métodos tradicionais de estudo dos conceitos dividem-se em dois grupos. O chamado método de definição, com suas variantes, é típico do primeiro grupo. É utilizado para investigar os conceitos já formados na criança através da definição verbal de seus conteúdos. Dois importantes inconvenientes tornaram esse método inadequado para o estudo aprofundado do processo. Em primeiro lugar, ele lida com o produto acabado da formação de conceitos, negligenciando a dinâmica e o desenvolvimento do processo em si. Ao invés de trazer à tona, por instigação, o pensamento da criança, esse método frequentemente suscita uma mera reprodução do conhecimento verbal, de definições já prontas, fornecidas a partir do exterior. Pode ser um teste do conhecimento e da experiência da criança, ou de seu desenvolvimento linguístico, em vez de um estudo do processo intelectual propriamente dito. Em segundo lugar, ao centrar-se na palavra, esse método deixa de levar em consideração a percepção e a elaboração mental do material sensorial que dá origem ao conceito. O material sensorial e a palavra são partes indispensáveis à formação de conceitos. O estudo isolado da palavra coloca o processo no plano puramente verbal, que não é característico do pensamento infantil. A relação entre o conceito e a realidade continua inexplorada; aborda-se o significado de uma determinada palavra através de uma outra, e o que quer que se descubra por meio dessa operação é antes um registro da relação, na mente da criança, entre famílias de palavras previamente formadas, do que um quadro dos conceitos da criança.

O segundo grupo abrange os métodos utilizados no estudo da abstração. Esses métodos dizem respeito aos processos psíquicos que levam à formação de conceitos. Pede-se à criança que descubra algum traço comum em uma série de impressões discretas, abstraindo-o de todos os outros traços aos quais está perceptualmente ligado. Os métodos desse grupo negligenciam o papel desempenhado pelo símbolo (a palavra) na formação dos conceitos; um quadro simplificado substitui a estrutura complexa do processo total por um processo parcial.

Dessa forma, cada um desses dois métodos tradicionais separa a palavra do material da percepção e opera ou com um, ou com outro. Um grande passo à frente foi dado com a criação de um novo método que permite a combinação de ambas as partes. Esse novo método introduz, na situação experimental, palavras sem sentido, que a princípio não significam nada ao sujeito do experimento. Também introduz conceitos artificiais, ligando cada palavra sem sentido a uma determinada combinação de atributos dos objetos para os quais não existe nenhum conceito ou palavra já prontos. Por exemplo, nos experimentos de Ach [*1*], a palavra *gatsun* adquire gradualmente o sentido de "grande e pesado"; a palavra *fal*, "pequeno e leve". Esse método pode ser aplicado tanto a crianças como a adultos, uma vez que a solução do problema não pressupõe uma experiência ou conhecimento anteriores por parte do sujeito observado. Também leva em consideração que um conceito não é uma formação isolada, fossilizada e imutável, mas sim uma parte ativa do processo intelectual, constantemente a serviço da comunicação, do entendimento e da solução de problemas. O novo método centra a sua investigação nas *condições funcionais da formação de conceitos*.

Rimat procedeu a um estudo cuidadosamente planejado na formação de conceitos em adolescentes, utilizando uma variante desse método. A principal conclusão a que chegou foi que a verdadeira formação de conceitos excede a capacidade dos pré--adolescentes e só tem início no final da puberdade. Ele escreve:

> Estabelecemos, definitivamente, que só ao término do décimo segundo ano manifesta-se um nítido aumento na capacidade da criança de formar, sem ajuda, conceitos objetivos generalizados... O pensamento por conceitos, emancipado da percepção, faz exigências que excedem suas possibilidades mentais antes dos doze anos de idade [35, p. 112].

As investigações de Ach e Rimat contestam a concepção de que a formação de conceitos se baseia em conexões associativas. Ach demonstrou que a existência de associações entre os símbolos verbais e os objetos, embora sólidas e numerosas, não é por si só suficiente para a formação de conceitos. Suas descobertas experimentais não confirmaram a velha crença de que um conceito se desenvolve mediante o máximo fortalecimento das conexões associativas que envolvem os atributos comuns a um grupo de objetos, e o enfraquecimento das associações que envolvem os atributos que distinguem esses objetos.

Os experimentos de Ach revelaram que a formação de conceitos é um processo criativo, e não um processo mecânico e passivo; que um conceito surge e se configura no curso de uma operação complexa, voltada para a solução de algum problema; e que só a presença de condições externas favoráveis a uma ligação mecânica entre a palavra e o objeto não é suficiente para a criação de um conceito. Em sua opinião, o fator decisivo para a formação de conceitos é a chamada tendência determinante.

Antes de Ach, a psicologia postulava duas tendências básicas que regiam o fluxo de nossas ideias: a reprodução por meio da associação e a perseverança. A primeira traz de volta aquelas imagens que, em experiências passadas, estiveram ligadas à imagem que, no momento, nos ocupa a mente. A segunda é a tendência de cada imagem a voltar e a penetrar novamente o fluxo de imagens. Em suas primeiras investigações, Ach demonstrou que essas duas tendências falharam em explicar os atos de pensamento intencionais e conscientemente dirigidos. Ele presumiu, portanto, que esses pensamentos eram regulados por uma terceira tendência, a "tendência determinante", estabelecida pela imagem do objetivo. O estudo dos conceitos realizado por Ach mostrou que nenhum conceito novo se formava sem o efeito regulador da tendência determinante criada pela tarefa experimental.

De acordo com o esquema de Ach, a formação de conceitos não segue o modelo de uma cadeia associativa, em que um elo faz surgir o seguinte; trata-se de um processo orientado para um objetivo, uma série de operações que servem de passos em direção a um objetivo final. A memorização de palavras e a sua associação com os objetos não leva, por si só, à formação de conceitos; para que o processo se inicie, deve surgir um problema que só possa ser resolvido pela formação de novos conceitos.

No entanto, essa caracterização do processo da formação de conceitos é ainda insuficiente. As crianças podem entender e realizar a tarefa experimental muito antes de completarem 12 anos; no entanto, até completarem essa idade, são incapazes de formar novos conceitos. O próprio estudo de Ach demonstrou que as crianças diferem dos adolescentes e dos adultos não pelo modo como compreendem o objetivo, mas sim pelo modo como suas mentes trabalham para alcançá-lo. O minucioso estudo experimental realizado por D. Usnadze [*44, 45*] sobre a formação de conceitos em idade pré-escolar também mostrou que, nessa idade, uma criança aborda os problemas exatamente da mesma maneira que o adulto faz ao operar com conceitos, mas o modo de resolvê-los é completamente diferente. Só podemos concluir que os fatores responsáveis pela diferença essencial entre o pensamento conceitual do adulto e as formas de pensamento características da criança pequena não são nem o objetivo a ser alcançado, nem a tendência determinante, mas sim outros fatores ainda não examinados pelos pesquisadores.

Usnadze salienta que, enquanto os conceitos completamente formados aparecem relativamente tarde, as crianças começam cedo a utilizar palavras e a estabelecer, com a ajuda destas, uma compreensão mútua com os adultos e entre elas próprias. A partir dessa constatação, ele conclui que as palavras exercem a função de conceitos e podem servir como meio de comunicação muito antes de atingir o nível de conceitos característico do pensamento plenamente desenvolvido.

Deparamo-nos, então, com o seguinte estado de coisas: num estágio inicial de seu desenvolvimento, uma criança é capaz de compreender um problema e visualizar o objetivo colocado por esse problema; como as tarefas de compreender e comunicar-se são essencialmente as mesmas para o adulto e para a criança, esta desenvolve equivalentes funcionais de conceitos numa idade extremamente precoce, mas as formas de pensamento que ela utiliza ao lidar com essas tarefas diferem profundamente das do adulto, em sua composição, estrutura e modo de operação. A questão principal quanto ao processo da formação de conceitos – ou quanto a qualquer atividade dirigida para um objetivo – é a questão dos meios pelos quais essa operação é realizada. Quando se afirma, por exemplo, que o trabalho é induzido pelas necessidades humanas, esta explicação não é suficiente. Devemos considerar também o uso de instrumentos, a mobilização dos meios apropriados sem os quais o trabalho não poderia ser realizado. Para explicar as formas mais elevadas do comportamento humano, precisamos revelar os meios pelos quais o homem aprende a organizar e a dirigir o seu comportamento.

Todas as funções psíquicas superiores são processos mediados, e os signos constituem o meio básico para dominá-las e dirigi-las. O signo incorporado à sua estrutura como uma parte indispensável, na verdade a parte central do processo como um todo. Na formação de conceitos, esse signo é a *palavra*, que em princípio tem o papel de meio na formação de um conceito e, posteriormente, torna-se o seu símbolo. Em seus experimentos, Ach não dá atenção suficiente a esse papel da palavra. O seu estudo, embora tenha o mérito de desacreditar de uma vez por todas a concepção mecanicista da formação de conceitos, não foi capaz de revelar a verdadeira natureza do processo – genética, funcional ou estruturalmente. Seguiu o caminho errado da interpretação puramente teleológica, que se resume na afirmação de que o próprio objetivo cria a atividade adequada, por meio da tendência determinante – isto é, que o problema traz em si a sua própria solução.

II

Para estudar o processo da formação de conceitos em suas várias fases evolutivas, utilizamos o método desenvolvido por um de nossos colaboradores, L. S. Sakharov [36]. Esse método poderia ser descrito como o "método da dupla estimulação": dois conjuntos de estímulos são apresentados ao sujeito observado; um como objetos da sua atividade, e outro como signos que podem servir para organizar essa atividade[1].

....
1. Vigotski não descreve o teste detalhadamente. A descrição a seguir foi extraída da obra *Conceptual Thinking in Schizophrenia*, de E. Hanfmann e J. Kasanin [16, p. 9-10]. (Nota da edição inglesa)
O material utilizado nos testes de formação de conceitos consiste em 22 blocos de madeira, de cores, formas, alturas e larguras diferentes. Existem cinco cores diferentes, seis formas diferentes, duas alturas (os blocos altos e os baixos) e

Em alguns aspectos importantes, esse procedimento é inverso aos experimentos de Ach sobre a formação de conceitos. Ach começa por dar ao sujeito um período de aprendizado ou prática; ele pode manusear os objetos e ler as palavras sem sentido que estão escritas em cada um, antes de saber qual será a sua tarefa. Em nossos experimentos, o problema é apresentado ao sujeito logo de início e permanece o mesmo até o final, mas as chaves para a sua solução são introduzidas passo a passo, cada vez que um bloco é virado. Decidimo-nos por essa sequência porque acreditamos que, para se iniciar o processo, é necessário confrontar o sujeito com a tarefa. A introdução gradual dos meios para a solução permite-nos estudar o processo total da formação de conceitos em todas as suas fases dinâmicas. A for-

....
duas larguras da superfície horizontal (larga e estreita). Na face inferior de cada bloco, que não é vista pelo sujeito observado, está escrita uma das quatro palavras sem sentido: *lag, bik, mur, cev.* Sem considerar a cor ou a forma, *lag* está escrita em todos os blocos altos e largos, *bik* em todos os blocos baixos e largos, *mur* nos blocos altos e estreitos, e *cev* nos blocos baixos e estreitos. No início do experimento todos os blocos, bem misturados quanto às cores, tamanhos e formas, estão espalhados sobre uma mesa à frente do sujeito... O examinador vira um dos blocos (a "amostra"), mostra-o e lê seu nome para o sujeito e pede a ele que pegue todos os blocos que pareçam ser do mesmo tipo. Após o sujeito ter feito isso... o examinador vira um dos blocos "erradamente" selecionados, mostra que aquele bloco é de um tipo diferente e incentiva o sujeito a continuar tentado. Depois de cada nova tentativa, outro dos blocos erradamente retirados é virado. À medida que o número de blocos virados aumenta, o sujeito gradualmente adquire uma base para descobrir a que características dos blocos as palavras sem sentido se referem. Assim que faz essa descoberta, as... palavras... passam a referir-se a tipos definidos de objetos (por exemplo, *lag* para os blocos altos e largos, *bik* para os baixos e largos), e assim são criados novos conceitos para os quais a linguagem não dá nomes. O sujeito é então capaz de completar a tarefa de separar os quatro tipos de blocos indicados pelas palavras sem sentido. Dessa forma, o uso de conceitos tem um valor funcional definido para o desempenho exigido por este teste. Se o sujeito realmente usa o pensamento conceitual ao tentar resolver o problema (...) é o que se pode deduzir a partir da natureza dos grupos que ele constrói e de seu procedimento ao construí--los: praticamente cada passo de seu raciocínio reflete-se na sua manipulação dos blocos. A primeira abordagem do problema, o manuseio da amostra, a resposta à correção, a descoberta da solução – todos esses estágios do experimento fornecem dados que podem servir de indicadores do nível de raciocínio do sujeito.

mação dos conceitos é seguida por sua transferência para outros objetos: o sujeito é induzido a utilizar os novos termos ao falar sobre outros objetos que não os blocos experimentais, e a definir o seu significado de uma forma generalizada.

III

Na série de investigações do processo da formação de conceitos iniciada em nosso laboratório por Sakharov, e concluída por nós e por nossos colaboradores Kotelova e Pashkovskaja [*48*; *49*, p. 70], mais de 300 pessoas foram estudadas – crianças, adolescentes e adultos, inclusive alguns com distúrbios patológicos das atividades intelectuais e linguísticas.

As descobertas principais de nossos estudos podem ser assim resumidas: o desenvolvimento dos processos que finalmente resultam na formação de conceitos começa na fase mais precoce da infância, mas as funções intelectuais que, numa combinação específica, formam a base psicológica do processo da formação de conceitos amadurece, se configura e se desenvolve somente na puberdade. Antes dessa idade, encontramos determinadas formações intelectuais que realizam funções semelhantes àquelas dos conceitos verdadeiros, ainda por surgir. No que diz respeito à composição, estrutura e operação, esses equivalentes funcionais dos conceitos têm, para com os conceitos verdadeiros, uma relação semelhante à do embrião com o organismo plenamente desenvolvido. Equiparar os dois significa ignorar o prolongado processo de desenvolvimento entre o estágio mais inicial e o estágio final.

A formação de conceitos é o resultado de uma atividade complexa, em que todas as funções intelectuais básicas tomam parte. No entanto, o processo não pode ser reduzido à associação, à atenção, à formação de imagens, à inferência ou às tendências determinantes. Todas são indispensáveis, porém insuficientes sem o uso do signo, ou palavra, como o meio pelo qual conduzimos as nossas operações mentais, controlamos o seu curso e as canalizamos em direção à solução do problema que enfrentamos.

A presença de um problema que exige a formação de conceitos não pode, por si só, ser considerada a causa do processo, muito embora as tarefas com que o jovem se depara ao ingressar no mundo cultural, profissional e cívico dos adultos sejam, sem dúvida, um fator importante para o surgimento do pensamento conceitual. Se o meio ambiente não apresenta nenhuma dessas tarefas ao adolescente, não lhe faz novas exigências e não estimula o seu intelecto, proporcionando-lhe uma série de novos objetos, o seu raciocínio não conseguirá atingir os estágios mais elevados, ou só os alcançará com grande atraso.

No entanto, a tarefa cultural, por si só, não explica o mecanismo de desenvolvimento em si, que resulta na formação de conceitos. O pesquisador deve ter como objetivo a compreensão das relações intrínsecas entre as tarefas externas e a dinâmica do desenvolvimento, e deve considerar a formação de conceitos como uma função do crescimento social e cultural global do adolescente, que afeta não apenas o conteúdo, mas também o método de seu raciocínio. O novo e significativo uso da palavra, a sua utilização *como um meio para a formação de conceitos*, é a causa psicológica imediata da transformação radical por que passa o processo intelectual no limiar da adolescência.

Nessa idade não aparece nenhuma função elementar nova, essencialmente diferente daquelas já presentes, mas todas as funções existentes são incorporadas a uma nova estrutura, formam uma nova síntese, tornam-se partes de um novo todo complexo; as leis que regem esse todo também determinam o destino de cada uma das partes. Aprender a direcionar os próprios processos mentais com a ajuda de palavras ou signos é uma parte integrante do processo da formação de conceitos. A capacidade para regular as próprias ações fazendo uso de meios auxiliares atinge o seu pleno desenvolvimento somente na adolescência.

IV

Nossas pesquisas demonstraram que a trajetória até a formação de conceitos passa por três fases básicas, cada uma, por sua vez, dividida em vários estágios. Nesta seção, e nas seguintes, descreveremos essas fases e suas subdivisões da forma como aparecem quando estudadas pelo método da "dupla estimulação".

A criança pequena dá seu primeiro passo para a formação de conceitos quando agrupa alguns objetos numa *agregação desorganizada, ou* "amontoado", para solucionar um problema que nós, adultos, normalmente resolveríamos com a formação de um novo conceito. O amontoado, constituído por objetos desiguais, agrupados sem qualquer fundamento, revela uma extensão difusa e não direcionada do significado do signo (palavra artificial) a objetos naturalmente não relacionados entre si e ocasionalmente relacionados na percepção da criança.

Neste estágio, o significado das palavras denota, para a criança, nada mais do que um *conglomerado vago e sincrético de objetos isolados* que, de uma forma ou outra, aglutinaram-se numa imagem em sua mente. Devido à sua origem sincrética, essa imagem é extremamente instável.

Na percepção, no pensamento e na ação, a criança tende a misturar os mais diferentes elementos em uma imagem desarticulada, por força de alguma impressão ocasional. Claparède deu o nome de "sincretismo" a esse traço bem conhecido do pensamento infantil. Blonski chamou-o de "coerência incoerente" do raciocínio da criança. Descrevemos o fenômeno em outra oportunidade como o resultado de uma tendência a compensar, por uma superabundância de conexões subjetivas, a insuficiência das relações objetivas bem apreendidas, e a confundir esses elos subjetivos com elos reais entre as coisas. Essas relações sincréticas e o acúmulo desordenado de objetos agrupados sob o significado de uma palavra também refletem elos objetivos na medida em que estes últimos coincidem com as relações entre as percepções ou impressões da criança. Muitas palavras, portanto, têm em parte o mesmo significado para a criança e para o adulto, especialmente as que se referem a objetos concretos do ambiente habitual da criança. Os significados dados a uma palavra por um adulto e por uma criança em geral "coincidem", por assim dizer, no mesmo objeto concreto, e isso é suficiente para garantir a compreensão mútua.

A primeira fase da formação de conceitos, que acabamos de esboçar, inclui três estágios distintos. Pudemos observá-los pormenorizadamente na estrutura do estudo experimental.

O primeiro estágio na formação dos amontoados sincréticos, que representam para a criança o significado de uma determinada palavra artificial, é uma manifestação do estágio de *tentativa e erro* no desenvolvimento do pensamento. O grupo é criado ao acaso, e cada objeto acrescentado é uma mera suposição ou tentativa; um outro objeto o substitui quando se prova que a suposição estava errada, isto é, quando o experimentador vira o objeto e mostra que ele tem um nome diferente.

Durante o estágio seguinte, a composição do grupo é em grande parte determinada pela posição espacial dos objetos experimentais, isto é, por uma *organização do campo visual da criança* puramente sincrética. A imagem ou grupo sincréticos formam-se como resultado da contiguidade no tempo ou no espaço dos elementos isolados, ou pelo fato de serem inseridos em alguma outra relação mais complexa pela percepção imediata da criança.

Durante o terceiro estágio da primeira fase da formação de conceitos, a imagem sincrética assenta-se numa base mais complexa: compõe-se de *elementos tirados de grupos ou amontoados diferentes, que já foram formados pela criança da maneira descrita acima.* Esses elementos recombinados não apresentam elos intrínsecos entre si, de modo que a nova formação tem a mesma "coerência incoerente" dos primeiros amontoados. A única diferença é que, ao tentar dar significado a uma nova palavra, a criança agora o faz por meio de uma operação que se processa em duas etapas. Mas essa operação mais elaborada permanece sincrética e não resulta em uma ordem maior do que a simples agregação dos amontoados.

V

A segunda fase mais importante na trajetória para a formação de conceitos abrange muitas variações de um tipo de pensamento que chamaremos de *pensamento por complexos*. Em um complexo, os objetos isolados associam-se na mente da criança não apenas devido às impressões subjetivas da criança, mas também devido às *relações que de fato existem entre esses objetos*. Trata-se de uma nova aquisição, uma passagem para um nível muito mais elevado.

Quando a criança alcança esse nível, já superou parcialmente o seu egocentrismo. Já não confunde as relações entre as suas próprias impressões com as relações entre as coisas – um passo decisivo para se afastar do sincretismo e caminhar em direção ao pensamento objetivo. O pensamento por complexos já constitui um pensamento coerente e objetivo, embora não reflita as relações objetivas do mesmo modo que o pensamento conceitual.

Na linguagem dos adultos persistem alguns resíduos do pensamento por complexos. Os nomes de família talvez sejam o melhor exemplo disso. Qualquer nome de família, digamos "Petrov", classifica os indivíduos de uma forma que se assemelha em muito àquela dos complexos infantis. Nesse estágio de seu desenvolvimento, a criança pensa, por assim dizer, em termos de nomes de famílias; o universo dos objetos isolados torna-se organizado para ela pelo fato de tais objetos agruparem-se em "famílias" separadas, mutuamente relacionadas.

Em um complexo, as ligações entre seus componentes são *concretas e factuais*, e não abstratas e lógicas, da mesma forma que não classificamos uma pessoa como membro da família Petrov por causa de qualquer relação lógica entre ela e os outros portadores do mesmo nome. A questão nos é resolvida pelos fatos. As ligações factuais subjacentes aos complexos são descobertas por meio da experiência direta. Portanto, um complexo é, antes de mais nada, um agrupamento concreto de objetos unidos por ligações factuais. Uma vez que um complexo não é formado no plano do pensamento lógico abstrato, as ligações que o criam, assim como as que ele ajuda a criar, carecem de unidade lógica; podem ser de muitos tipos diferentes. *Qualquer conexão factualmente presente* pode levar à inclusão de um determinado elemento em um complexo. É esta a diferença principal entre um complexo e um conceito. Enquanto um conceito agrupa os objetos de acordo com um atributo, as ligações que unem os elementos de um complexo ao todo, e entre si, podem ser tão diversas quanto os contatos e as relações que de fato existem entre os elementos.

Em nossa investigação observamos cinco tipos básicos de complexos, que se sucedem uns aos outros durante esse estágio do desenvolvimento.

Chamamos o primeiro tipo de complexo de *tipo associativo*. Pode basear-se em qualquer relação percebida pela criança entre o objeto de amostra e alguns outros blocos. Em nosso experimento o objeto de amostra, isto é, o que foi apresentado em primeiro lugar ao sujeito observado, com o seu nome visível, constitui o núcleo do grupo a ser construído. Ao construir um complexo associativo, a criança pode acrescentar ao objeto nuclear um bloco que tenha a mesma cor, um outro que se assemelhe ao núcleo quanto à forma, ao tamanho ou a qualquer outro atributo que eventualmente lhe chame a atenção. Qualquer ligação entre o núcleo e um outro objeto é suficiente para fazer com que a criança inclua esse objeto no grupo e o designe pelo "nome de família" comum. A ligação entre o núcleo e o outro objeto não precisa ser uma característica comum, como, por exemplo, a mesma cor ou forma; a ligação pode também ser estabelecida por uma semelhança, um contraste, ou pela proximidade no espaço.

Para a criança nesse estágio, a palavra deixa de ser o "nome próprio" de um objeto isolado; torna-se o nome de família de um grupo de objetos relacionados entre si de muitas formas, exatamente como as relações dentro das famílias humanas são muitas e variadas.

VI

O pensamento por complexos do segundo tipo consiste na combinação de objetos ou das impressões concretas que eles provocam na criança, em grupos que em muito se assemelham a *coleções*. Os objetos são agrupados com base em alguma característica que os torna diferentes e, consequentemente, complementares entre si.

Em nossos experimentos a criança apanhava alguns objetos que se diferenciavam da amostra por sua cor, forma, tamanho ou outra característica qualquer. Ela não os apanhava ao acaso; escolhia-os porque, além de contrastarem com o atributo da amostra que ela decidira considerar como a base do agrupamento, eram-lhe também complementares. O resultado era uma coleção de cores ou formas presentes no material experimental, por exemplo, um grupo de blocos de cores diferentes.

A associação por contraste, e não pela semelhança, orienta a criança na montagem de uma coleção. Essa forma de pensar, no entanto, combina-se muitas vezes com a forma associativa propriamente dita, anteriormente descrita, e resulta em uma coleção baseada em princípios mistos. Ao longo do processo, a criança deixa de aderir ao princípio que aceitou originalmente como a base da coleção. Passa a considerar uma nova característica, de modo que o grupo resultante torna-se uma coleção mista, por exemplo, de cores e formas.

Esse estágio longo e persistente do desenvolvimento do pensamento infantil tem suas raízes na experiência prática da criança, em que as coleções de coisas complementares frequentemente formam um conjunto ou um todo. A experiência ensina à criança determinadas formas de agrupamento funcional: xícara, pires e colher; um conjunto de faca, garfo, colher e prato; o conjunto de roupas que usa. Tudo isso constitui modelos de complexos de coleções naturais. Até mesmo os adultos, sempre que se referem a louças ou roupas, costumam pensar em conjuntos de objetos concretos, ao invés de conceitos generalizados.

Recapitulando, a imagem sincrética que leva à formação de "amontoados" baseia-se em conexões vagas e subjetivas, confundidas com as conexões verdadeiras entre os objetos; o complexo associativo apoia-se em semelhanças ou em outras conexões necessárias entre as coisas, ao nível da percepção; o complexo de coleções baseia-se nas relações entre os objetos observados na experiência prática. Poderíamos afirmar que o complexo de coleções é *um agrupamento de objetos com base em sua participação na mesma operação prática* – em sua cooperação funcional.

VII

Em seguida ao estágio de coleção, característico do pensamento por complexos, deve ser colocado o *complexo em cadeia* – uma junção dinâmica e consecutiva de elos isolados numa única corrente, com a transmissão de significado de um elo para o outro. Por exemplo, se a amostra experimental for um triângulo amarelo, a criança poderia escolher alguns blocos triangulares até que sua atenção fosse atraída, digamos, pela cor azul de um bloco que tenha acabado de acrescentar ao conjunto; passa, então, a selecionar blocos azuis sem atentar para a forma – angulosos, circulares, semicirculares. Isso, por sua vez, é suficiente para que haja uma nova alteração do critério; esquecida da cor, a criança começa a escolher blocos redondos. O atributo decisivo continua variando ao longo de todo o processo. Não há coerência quanto ao tipo de conexão ou quanto ao modo pelo qual cada elo da cadeia articula-se com o que o precede e com o que vem a seguir. A amostra original não tem uma importância fundamental. Uma vez incluído em um complexo em cadeia, cada elo é tão importante quanto o primeiro e pode tornar-se o ímã para uma série de outros objetos.

A formação em cadeia demonstra claramente a natureza factual e perceptivamente concreta do pensamento por complexos. Um objeto que foi incluído devido a um de seus atributos passa a fazer parte do complexo não como o portador desse atributo, mas como um elemento isolado, com *todos* os seus atributos. A criança não abstrai o traço isolado do restante, e nem lhe confere uma função especial, como ocorre com um conceito. Nos complexos, a organização hierárquica está ausente: todos os atributos são funcionalmente iguais. A amostra pode ser totalmente desprezada quando se estabelece uma conexão entre dois outros objetos; estes podem também não ter nada em comum com alguns dos outros elementos e, no entanto, fazer parte da mesma cadeia por compartilharem um atributo com outro de seus elementos.

Portanto, o complexo em cadeia pode ser considerado como *a mais pura forma do pensamento por complexos*. Ao contrário do complexo associativo, cujos elementos são, afinal, interligados por um elemento – o núcleo do complexo –, o complexo em cadeia não possui núcleo; há relações entre elementos isolados, e mais nada.

Um complexo não se eleva acima de seus elementos como o faz um conceito; ele se funde com os objetos concretos que o compõem. Essa fusão do geral com o particular, do complexo com os seus elementos, esse amálgama psíquico, como Werner o denominou, é a característica distintiva de todo o pensamento por complexos e, em particular, do complexo em cadeia.

VIII

Por ser factualmente inseparável do grupo de objetos concretos que o constituem, o complexo em cadeia frequentemente adquire uma qualidade vaga e flutuante. O tipo e a natureza dos vínculos podem mudar, quase imperceptivelmente, de elo para elo. Muitas vezes, uma semelhança muito remota já é suficiente para estabelecer uma conexão entre dois elos. Às vezes, os atributos são considerados semelhantes não por causa de uma semelhança real, mas devido a uma vaga impressão de que eles têm algo em comum. Isso leva ao quarto tipo de complexo observado em nossos experimentos, que poderíamos chamar de *complexo difuso*.

O complexo difuso é caracterizado pela fluidez do próprio atributo que une os seus elementos. Grupos de objetos ou imagens perceptualmente concretos são formados por meio de conexões difusas e indeterminadas. Por exemplo, para combinar com um triângulo amarelo, uma criança, em nossos experimentos, poderia escolher trapezoides e triângulos, por causa de seus vértices cortados. Os trapezoides poderiam levar a quadrados, estes a hexágonos, que por sua vez levariam a semicírculos e, finalmente, a círculos. Enquanto base para a seleção, a cor é igualmente flutuante e variável. Os objetos amarelos costumam ser seguidos por objetos verdes, que podem mudar para o azul, e deste para o negro.

Os complexos que resultam desse tipo de pensamento são tão indefinidos que podem, na verdade, não ter limites. Do mesmo modo que uma tribo bíblica cuja aspiração era multiplicar-se até que seus membros fossem mais numerosos que as estrelas do céu ou os grãos de areia do mar, um complexo difuso na mente da criança é também um tipo de família que tem poderes ilimitados para expandir-se pelo acréscimo de mais e mais indivíduos ao grupo original.

As generalizações da criança nas áreas não práticas e não perceptuais de seu pensamento, que não podem ser facilmente verificadas pela percepção ou ação prática, constituem os equivalentes, na vida real, dos complexos difusos observados nos experimentos. Sabe-se muito bem que a criança é capaz de transições surpreendentes, e de associações e generalizações espantosas, quando o seu pensamento extrapola os limites do pequeno universo palpável de sua experiência. Fora dele, a criança frequentemente constrói complexos ilimitados, surpreendentes pela universalidade das ligações que abrangem.

No entanto, esses complexos ilimitados são construídos de acordo com os mesmos princípios dos complexos concretos circunscritos. Em ambos, a criança permanece dentro dos limites das conexões concretas entre as coisas, mas, na medida em que o primeiro tipo de complexo compreende objetos fora da esfera de seu conhecimento prático, essas conexões baseiam-se naturalmente em atributos vagos, irreais e instáveis.

IX

Para completar o quadro do pensamento por complexos, é necessário descrever mais um tipo de complexo – a ponte, por assim dizer, entre os complexos e o estágio final e mais elevado do desenvolvimento da formação de conceitos.

Chamamos esse tipo de complexo de *pseudoconceito*, porque a generalização formada na mente da criança, embora fenotipicamente semelhante ao conceito dos adultos, é psicologicamente muito diferente do conceito propriamente dito; em sua essência, é ainda um complexo.

Na situação experimental a criança produz um pseudoconceito cada vez que se vê às voltas com uma amostra de objetos que poderiam muito bem ter sido agrupados com base em um conceito abstrato. Por exemplo, quando a amostra é um triângulo amarelo e a criança pega todos os triângulos do material experimental, é possível que se tenha orientado pela ideia ou conceito geral de um triângulo. A análise experimental mostra, porém, que na realidade a criança se orienta pela semelhança concreta visível, formando apenas um complexo associativo restrito a um determinado tipo de conexão perceptual. Embora os resultados sejam idênticos, o processo pelo qual são obtidos não é de forma alguma o mesmo que no pensamento conceitual[2].

....
2. A seguinte elaboração das observações experimentais foi extraída do estudo de E. Hanfmann e J. Kasanin [*16*, p. 30-31]:

Em muitos casos o grupo, ou grupos, criado pelo sujeito observado tem quase o mesmo aspecto que teria numa classificação coerente, e a ausência de um fundamento conceitual verdadeiro só se revela quando se pede ao sujeito para colocar em ação as ideias subjacentes a esse agrupamento. Isso se dá no momento da correção, quando o examinador vira um dos blocos erroneamente selecionados e mostra que a palavra escrita nesse é diferente daquela que se encontra no bloco de amostra, isto é, que não se trata da palavra *mur*. Esse é um dos pontos críticos do experimento...

Os sujeitos que abordaram a tarefa como um problema de classificação respondem imediatamente à correção, e de uma forma perfeitamente específica. Essa resposta é adequadamente expressa na afirmação: "Ah! Então não se trata da cor" (ou da forma etc.) ... O sujeito remove todos os blocos que havia juntado ao bloco de amostra, e começa a procurar uma outra classificação possível.

Por outro lado, o comportamento exterior do sujeito, ao se iniciar o experimento, pode ter sido o de tentar uma classificação. Pode ter colocado todos os blocos vermelhos junto à amostra, procedendo de forma bastante coerente... e ter declarado que, na opinião dele, aqueles blocos vermelhos são os *murs*. Agora o examinador vira um dos blocos escolhidos e mostra que tem um nome diferente... O sujeito vê o bloco ser retirado, ou ele próprio o retira, obedientemente, mas isso é tudo o que faz: não tenta retirar os outros blocos vermelhos de junto da amostra *mur*. Quando o examinador pergunta se ainda pensa que aqueles blocos devem ficar juntos, e se são *mur*, ele responde categoricamente: "Sim, ainda devem ficar juntos porque são vermelhos". Essa resposta surpreendente denuncia uma atitude totalmente incompatível com uma verdadeira abordagem classificatória, e prova que os grupos que o sujeito havia formado eram, na verdade, pseudoclasses.

É necessário considerar pormenorizadamente esse tipo de complexo. Ele desempenha um papel predominante no pensamento da criança na vida real, e é importante como um elo de transição entre o pensamento por complexos e a verdadeira formação de conceitos.

X

Os pseudoconceitos predominam sobre todos os outros complexos no pensamento da criança em idade pré-escolar, pela simples razão de que na vida real os *complexos que correspondem ao significado das palavras não são desenvolvidos espontaneamente pela criança: as linhas ao longo das quais um complexo se desenvolve são predeterminadas pelo significado que uma determinada palavra já possui na linguagem dos adultos.*

Em nossos experimentos a criança, livre da influência diretiva das palavras familiares, foi capaz de desenvolver significados de palavras e formar complexos de acordo com as suas preferências pessoais. Só através dos experimentos podemos avaliar o tipo e a extensão de sua atividade espontânea para dominar a linguagem dos adultos. A própria atividade da criança para formar generalizações não é de forma alguma sufocada, embora em geral seja ocultada e direcionada para canais complicados, devido à influência da fala dos adultos.

A linguagem do meio ambiente, com seus significados estáveis e permanentes, indica o caminho que as generalizações infantis seguirão. No entanto, constrangido como se encontra, o pensamento da criança prossegue por esse caminho predeterminado, de maneira peculiar ao seu nível de desenvolvimento intelectual. O adulto não pode transmitir à criança o seu modo de pensar. Ele apenas lhe apresenta o significado acabado de uma palavra, ao redor da qual a criança forma um complexo – com todas as peculiaridades estruturais, funcionais e genéticas do pensamento por complexos, mesmo que o produto de seu pensamento seja de fato idêntico, em seu conteúdo, a uma generalização que poderia ter-se formado através do pensamento conceitual. A semelhança externa entre o pseudoconceito e o conceito real, que torna muito difícil "desmascarar" esse tipo de complexo, é um dos maiores obstáculos para a análise genética do pensamento.

A equivalência funcional entre o complexo e o conceito, a coincidência, em termos práticos, entre o significado de muitas palavras para um adulto e para uma criança de três anos, a possibilidade de compreensão mútua e a semelhança aparente de seus processos de pensamento levaram à falsa suposição de que todas as formas de atividade intelectual do adulto já estão embrionariamente presentes no pensamento infantil, e que nenhuma transformação radical ocorre na puberdade. É fácil compreender a origem dessa concepção errônea. A criança aprende muito cedo um grande número de palavras que significam para ela o mesmo que significam para o adulto. A compreensão mútua entre o adulto e a criança cria a ilusão de que o ponto final do desenvolvimento do significado das palavras coincide com o ponto de partida, de que o conceito é fornecido pronto desde o princípio, e de que não ocorre nenhum desenvolvimento.

A aquisição, por parte da criança, da linguagem dos adultos explica, de fato, a consonância entre os complexos da criança e os conceitos dos adultos – em outras palavras, explica o surgimento dos complexos conceituais ou pseudocomplexos. Nossos experimentos, nos quais o significado das palavras não reprime o pensamento infantil, demonstram que, não fosse o predomínio dos pseudoconceitos, os complexos da criança seguiriam uma trajetória diferente daquela dos conceitos dos adultos, o que tornaria impossível a comunicação verbal entre ambos.

O pseudoconceito serve de elo entre o pensamento por complexos e o pensamento por conceitos. É dual por natureza: um complexo já carrega a semente que fará germinar um conceito. Desse modo, a comunicação verbal com os adultos torna-se um poderoso fator no desenvolvimento dos conceitos infantis. A transição do pensamento por complexos para o pensamento por conceitos não é percebida pela criança porque os seus pseudoconceitos já coincidem, em conteúdo, com os conceitos do adulto. Assim, a criança começa a operar com conceitos, a praticar o pensamento conceitual antes de ter uma consciência clara da natureza dessas operações. Essa situação genética peculiar não se limita à aquisição de conceitos; mais que uma exceção, é a regra no desenvolvimento intelectual da criança.

XI

Já examinamos, com a clareza que só a análise experimental pode fornecer, os diferentes estágios e formas de pensamento por complexos. Essa análise nos permite revelar, de maneira esquemática, a essência mesma do processo genético da formação de conceitos, dando-nos assim a chave para a compreensão do processo tal como este se desenvolve na vida real. Mas um processo de formação de conceitos experimentalmente induzido nunca reflete o desenvolvimento genético exatamente como este ocorre na vida real. As formas básicas de pensamento concreto que enumeramos aparecem, na realidade, em estados mistos. A análise morfológica feita até agora deve ser seguida por uma análise funcional e genética.

Devemos tentar relacionar as formas de pensamento por complexos descobertas experimentalmente com as formas de pensamento observadas no desenvolvimento real da criança, e confrontar as duas séries de observações.

A partir de nossos experimentos concluímos que, no estágio dos complexos, o significado das palavras, da forma como é percebido pela criança, refere-se aos mesmos objetos que o adulto tem em mente – o que garante a compreensão entre a criança e o adulto –, e que, no entanto, a criança pensa a mesma coisa de um modo diferente, por meio de operações mentais diferentes. Tentemos averiguar a veracidade dessa proposição, comparando as nossas observações com os dados sobre as peculiaridades do pensamento infantil, e do pensamento primitivo em geral, anteriormente colhidos pela ciência psicológica.

Se observarmos que grupos de objetos a criança relaciona entre si ao transferir os significados de suas primeiras palavras, e como efetua essa operação, descobriremos uma mistura das duas formas que, nos nossos experimentos, denominamos complexo associativo e imagem sincrética.

Tomemos emprestado um exemplo de Idelberger, citado por Werner [55, p. 206]. No 251º dia de sua vida, uma criança emprega a palavra *au-au* para se referir a uma estatueta de porcelana representando uma jovem, que fica geralmente sobre um aparador e com a qual ela gosta de brincar. No 307º dia, ela chama de *au-au* um cachorro que late no quintal, as fotos de seus avós, um cachorro de brinquedo e um relógio. No 331º dia, refere-se da mesma forma a um pedaço de pele com uma cabeça de animal, dirigindo sua atenção principalmente para os olhos de vidro, e a uma estola de pele sem cabeça. No 334º dia, utiliza a mesma palavra para uma boneca de borracha que grita quando a apertam, e no 396º dia, para se referir às abotoaduras de seu pai. No 433º dia, ela pronuncia a mesma palavra ao ver os botões de pérola de um vestido e um termômetro de banheiro.

Werner analisou esse exemplo e concluiu que as várias coisas chamadas de *au-au* podem ser assim catalogadas: primeiro, os cachorros de verdade e os de brinquedo e os pequenos objetos alongados que se assemelham à boneca de louça, como por exemplo a boneca de borracha e o termômetro; em segundo lugar, as abotoaduras, os botões de pérola e pequenos objetos semelhantes. O atributo que serviu de critério foi uma forma alongada ou uma superfície brilhante parecida com olhos.

É evidente que a criança estabelece uma relação entre esses objetos concretos de acordo com o princípio de um complexo.

Essas formações complexas espontâneas constituem todo o primeiro capítulo da história do desenvolvimento das palavras infantis.

Há um exemplo bem conhecido e frequentemente citado dessas mudanças: o uso que uma criança faz da palavra *quá*, primeiro para designar um pato nadando em um lago, depois qualquer espécie de líquido, inclusive o leite em sua mamadeira; quando por acaso vê uma moeda com o desenho de uma águia, a moeda também é chamada de *quá*, e a partir de então qualquer objeto redondo semelhante a uma moeda. Esse é um típico complexo em cadeia: cada novo objeto incluído tem algum atributo em comum com o outro elemento, mas os atributos passam por infinitas alterações.

A formação por complexos também é responsável pelo fato de o fenômeno peculiar de uma mesma palavra apresentar, em diferentes situações, significados diferentes ou até mesmo opostos, desde que haja algum elo associativo entre elas. Assim, uma criança pode dizer *antes* tanto para antes como para depois, ou *amanhã* para amanhã e ontem. Temos aqui uma analogia perfeita com algumas línguas antigas – o hebraico, o chinês, o latim –, em que uma palavra também indica, às vezes, o seu oposto. Os romanos, por exemplo, tinham uma só palavra para alto e profundo. Essa união de significados opostos só é possível como resultado do pensamento por complexos.

XII

Há uma outra característica muito interessante do pensamento primitivo, que nos mostra o pensamento por complexos em ação e salienta as diferenças entre os pseudoconceitos e os conceitos. Essa característica – que Levy-Bruhl foi o primeiro a perceber nos povos primitivos, Storch nos doentes mentais e Piaget nas crianças – é geralmente chamada de *participação*. O termo aplica-se à relação de identidade parcial ou estreita interdependência estabelecida pelo pensamento primitivo entre dois objetos ou fenômenos que, na verdade, não têm nenhuma proximidade ou qualquer outra relação identificável.

Levy-Bruhl [26] cita Von den Steinen a propósito de um surpreendente caso de participação observado entre os índios bororos do Brasil, que se orgulham de ser papagaios vermelhos. A princípio, Von den Steinen não sabia o que fazer com uma afirmação tão categórica, mas finalmente decidiu que eles queriam dizer exatamente aquilo. Não se tratava simplesmente de um nome do qual se houvessem apropriado, ou de uma relação familiar sobre a qual insistissem: referiam-se a uma identidade de seres.

Parece-nos que o fenômeno da participação ainda não recebeu uma explicação psicológica suficientemente convincente, e isso por duas razões: em primeiro lugar, as investigações tenderam a pôr em evidência o conteúdo do fenômeno e a ignorar as operações mentais nele envolvidas, isto é, a estudar o produto e não o processo; em segundo lugar, não foram feitas quaisquer tentativas adequadas de observar o fenômeno no contexto de outros elos e relações formados pela mente primitiva. Com muita frequência o extremo e o fantástico, como o fato de os bororos se considerarem papagaios vermelhos, é o que atrai o interesse das investigações, a expensas de fenômenos menos espetaculares. No entanto, uma análise mais acurada mostra que mesmo as conexões que aparentemente não se chocam com a nossa lógica são formadas pela mente primitiva com base nos princípios do pensamento por complexos.

Uma vez que as crianças de determinada idade pensam por pseudoconceitos, e que para elas as palavras designam complexos de objetos concretos, seu pensamento terá como resultado a participação, isto é, conexões que são inaceitáveis pela lógica dos adultos. Uma determinada coisa pode ser incluída em diferentes complexos por força de seus diferentes atributos concretos, podendo, consequentemente, ter vários nomes; qual desses nomes será utilizado vai depender do complexo ativado no momento. Em nossos experimentos, tivemos muitas vezes a oportunidade de observar exemplos desse tipo de participação, em que um objeto era simultaneamente incluído em dois ou mais complexos. Longe de constituir uma exceção, a participação é uma característica do pensamento por complexos.

Os povos primitivos também pensam por complexos e, consequentemente, em suas línguas a palavra não funciona como o portador de um conceito, mas como um "nome de família" para grupos de objetos concretos, associados não logicamente, mas factualmente. Storch demonstrou que o mesmo tipo de pensamento é característico dos esquizofrênicos, que regridem do pensamento conceitual para um nível mais primitivo de intelecção, rico em imagens e símbolos. Ele considera o uso de imagens concretas, ao invés de conceitos abstratos, um dos traços mais distintivos do pensamento primitivo. Assim, por mais que os processos mentais da criança, do homem primitivo e do doente mental sejam diferentes quanto a outros aspectos importantes, todos eles manifestam o fenômeno da participação – um sintoma do pensamento primitivo por complexos e da função das palavras como nomes de família.

Portanto, acreditamos ser incorreta a forma como Levy-Bruhl interpreta a participação. Ele aborda a afirmação dos bororos – de que são papagaios vermelhos – do ponto de vista da nossa própria lógica, à medida que presume que para a mente primitiva tal afirmação também significa uma identidade de seres. Uma vez que para esses índios as palavras designam grupos de objetos, e não conceitos, a afirmação deles tem um significado diferente: a palavra que designa papagaio é a mesma que designa um complexo que inclui os papagaios e eles próprios. Disso não se pode deduzir que haja qualquer identidade, da mesma forma que o fato de duas pessoas aparentadas compartilharem o mesmo nome de família não significa que sejam uma única e mesma pessoa.

XIII

A história da linguagem mostra claramente que o pensamento por complexos, com todas as suas peculiaridades, é o fundamento real do desenvolvimento linguístico.

A linguística moderna estabelece uma distinção entre o significado de uma palavra, ou expressão, e o seu referente, isto é, o objeto que designa. Pode haver um só significado e diversos referentes, ou significados diferentes e um único referente. Ao dizer "o vencedor de Jena" ou "o derrotado de Waterloo", estamos nos referindo à mesma pessoa, e, no entanto, o significado das duas expressões é diferente. Existe apenas uma categoria de palavras – os nomes próprios –, cuja única função é a da referência. Usando essa terminologia, poderíamos afirmar que as palavras da criança e do adulto coincidem quanto aos seus referentes, mas não quanto aos seus significados.

A identidade de referentes combinada com a divergência de significados também pode ser encontrada na história das línguas. Essa tese é confirmada por um grande número de fatos. Os sinônimos existentes em cada idioma constituem um bom exemplo disso. A língua russa tem duas palavras para designar a Lua, às quais se chegou por meio de processos mentais diferentes, que se refletem claramente na sua etimologia. Um dos termos deriva da palavra latina que conota "capricho, inconstância, fantasia". A intenção óbvia desse termo era enfatizar a forma mutável da lua, que a distingue dos outros corpos celestes. A origem do segundo termo, que significa "medidor", está, sem dúvida, no fato de se poder medir o tempo pelas fases da Lua. O mesmo acontece entre as línguas. Por exemplo, a palavra russa para alfaiate deriva de uma antiga palavra usada para designar um pedaço de pano; em francês e alemão, significa "aquele que corta".

Se seguirmos a história de uma palavra em qualquer idioma, veremos, por mais surpreendente que possa parecer à primeira vista, que os seus significados se transformam, exatamente como acontece com o pensamento infantil. No exemplo que demos, a palavra *au-au* aplicava-se a uma série de objetos totalmente discrepantes do ponto de vista dos adultos. No desenvolvimento da linguagem, essas transferências de significado, indicativas do pensamento por complexos, constituem a regra, e não a exceção. O russo tem uma palavra para dia e noite: *sutki*. Originalmente, essa palavra significa costura, a junção de dois pedaços de pano, algo entretecido; depois, passou a significar qualquer tipo de junção, por exemplo, a de duas paredes de uma casa e, portanto, um canto; começou a ser usada metaforicamente com o significado de crepúsculo, "quando o dia e a noite se encontram"; depois passou a significar o período entre um crepúsculo e outro, isto é, o *sutki* atual de 24 horas. Coisas tão diferentes como uma costura, um canto, o crepúsculo e 24 horas são agregadas num único complexo ao longo da evolução de uma palavra, da mesma forma que a criança incorpora coisas diferentes em um grupo com base na formação concreta de imagens.

Quais são as leis que regem a formação das famílias de palavras? Com maior frequência, novos fenômenos ou objetos são designados em função de atributos que não lhes são essenciais, de modo que o nome não expressa a verdadeira natureza da coisa nomeada. Como um nome nunca é um conceito quando aparece pela primeira vez, em geral é, a um só tempo, muito limitado e muito amplo. Por exemplo, a palavra russa que designa vaca significava, inicialmente, "que tem chifres", e a palavra para rato significava "ladrão". Mas uma vaca é muito mais do que chifres, assim como um rato não é apenas um ladrão; assim, seus nomes são demasiado limitados. Por outro lado, são amplos demais, uma vez que os mesmos epítetos podem ser aplicados – como de fato são, em algumas outras línguas – a um certo número de outras criaturas. O resultado é uma luta incessante, no âmbito da língua em desenvolvimento, entre o pensamento conceitual e o legado do pensamento primitivo por complexos. O nome criado por um complexo, com base em um atributo, entra em conflito com o conceito que passou a representar. Na luta entre o conceito e a imagem que deu origem ao nome, a imagem gradualmente desaparece; desaparece da consciência e da memória, e o significado original da palavra é finalmente obliterado. Anos atrás, toda tinta de escrever era preta, e a palavra russa para tinta refere-se a essa cor. Mas isso não impede que atualmente falemos do "negro" vermelho, verde ou azul, sem perceber a incoerência da combinação.

As transferências de nomes para novos objetos ocorrem por contiguidade ou semelhança, isto é, com base nos elos concretos, típicos do pensamento por complexos. As palavras que estão sendo formadas em nossa própria época constituem muitos exemplos do processo pelo qual se agrupam coisas heterogêneas. Quando falamos da "perna de uma mesa", do "cotovelo de uma estrada", do "pescoço de uma garrafa" e de um "engarrafamento", estamos agrupando coisas de um modo semelhante aos complexos. Nesses casos as semelhanças visuais e funcionais, mediadoras da transferência, são bastante claras. No entanto, a transferência pode ser determinada pelas mais variadas associações, e se ela ocorreu num passado já muito distante é impossível reconstruir as conexões sem conhecer exatamente o contexto histórico do acontecimento.

A palavra primitiva não é um símbolo direto de um conceito, mas sim uma imagem, uma figura, um esboço mental de um conceito, um breve relato dele – na verdade, uma pequena obra de arte. Ao nomear um objeto por meio de um tal conceito pictórico, o homem relaciona-o a um grupo que contém um certo número de outros objetos. A esse respeito, o processo de criação da linguagem é análogo ao processo de formação dos complexos no desenvolvimento intelectual da criança.

XIV

Pode-se aprender muitas coisas sobre o pensamento por complexos a partir da fala das crianças surdas-mudas, às quais falta o principal estímulo para a formação dos pseudoconceitos. Privadas da comunicação verbal com os adultos e livres para determinar quais objetos devem ser agrupados sob um mesmo nome, formam livremente os seus complexos, e as características especiais do pensamento por complexos aparecem em sua forma pura e com contornos nítidos.

Na linguagem por meio de sinais dos surdos-mudos, o ato de tocar um dente pode ter três significados diferentes: "branco", "pedra" e "dente". Todos os três pertencem a um complexo cuja elucidação mais pormenorizada requer um gesto adicional de apontar ou imitar, para se indicar a que objeto se faz referência em cada caso. As duas funções de uma palavra são, por assim dizer, fisicamente separadas. Um surdo-mudo toca um dente e, em seguida, apontando para a sua superfície ou fazendo um gesto de arremesso, diz-nos a que objeto está se referindo naquele caso.

Para testar e complementar os resultados de nossos experimentos, utilizamos alguns exemplos da formação de complexos extraídos do desenvolvimento linguístico das crianças, do pensamento dos povos primitivos e do desenvolvimento das línguas como tais. Deve-se notar, entretanto, que mesmo o adulto normal, capaz de formar e utilizar conceitos, não opera coerentemente com conceitos ao pensar. À exceção dos processos primitivos de pensamento dos sonhos, o adulto constantemente desvia-se do pensamento conceitual para o pensamento concreto semelhante aos complexos. A forma de pensamento transitória, por pseudoconceitos, não é exclusiva das crianças; nós também recorremos frequentemente a ela em nossa vida cotidiana.

XV

Nossa investigação levou-nos a dividir o processo da formação de conceitos em três fases principais. Descrevemos duas delas, marcadas, respectivamente, pela predominância da imagem sincrética e do complexo, e chegamos agora à terceira fase. A exemplo da segunda, pode ser subdividida em vários estágios.

Na realidade, as novas formações não aparecem, necessariamente, só depois que o pensamento por complexos completou todo o curso de seu desenvolvimento. De forma rudimentar, podem ser observadas muito antes de a criança começar a pensar por pseudoconceitos. Essencialmente, entretanto, pertencem à terceira divisão do nosso esquema da formação de conceitos. Se o pensamento por complexos é uma raiz da formação de conceitos, as formas que vamos agora descrever constituem uma segunda raiz, independente. No que diz respeito ao desenvolvimento mental da criança, possuem uma função genética específica, diferente daquela dos complexos.

A principal função dos complexos é estabelecer elos e relações. O pensamento por complexos dá início à unificação das impressões desordenadas; ao organizar elementos discretos da experiência em grupos, cria uma base para generalizações posteriores.

Mas o conceito desenvolvido pressupõe algo além da unificação. Para formar esse conceito também é necessário *abstrair*, *isolar* elementos, e examinar os elementos abstratos separadamente da totalidade da experiência concreta de que fazem parte. Na verdadeira formação de conceitos, é igualmente importante unir e separar: a síntese deve combinar-se com a análise. O pensamento por complexos não é capaz de realizar essas duas operações. A sua essência mesma é o excesso, a superprodução de conexões e a debilidade da abstração. A função do processo que só amadurece durante a terceira fase do desenvolvimento da formação de conceitos é a que preenche o segundo requisito, embora sua fase inicial remonte a períodos bem anteriores.

Em nossos experimentos, o primeiro passo em direção à abstração deu-se quando a criança agrupou objetos *com um grau máximo de semelhança*; por exemplo, objetos que eram redondos *e* pequenos, ou vermelhos *e* achatados. Uma vez que o material usado nos testes não contém objetos idênticos, até mesmo aqueles entre os quais existe um máximo de semelhança são dessemelhantes sob certos aspectos. O que se conclui é que, ao apanhar essas "combinações máximas", a criança deve estar com sua atenção voltada mais para algumas características de um objeto do que para outras – dando-lhes, por assim dizer, um tratamento preferencial. Os atributos que, somados, fazem um objeto o mais semelhante possível à amostra, tornam-se o centro de atenção, sendo, portanto, em certo sentido, abstraídos dos atributos aos quais a criança presta menos atenção. Essa primeira tentativa de abstração não é óbvia como tal, porque a criança abstrai todo um conjunto de características, sem distingui-las claramente entre si; frequentemente a abstração de um tal grupo de atributos baseia-se apenas numa impressão vaga e geral da semelhança entre os objetos.

Contudo, o caráter global da percepção da criança foi rompido. Os atributos de um objeto foram divididos em duas partes, a que se atribuiu uma importância desigual – um início de abstração positiva e negativa. Um objeto não mais entra em um complexo *in toto*, com todos os seus atributos; alguns têm sua admissão recusada. Se dessa forma o objeto é empobrecido, os atributos que levaram à sua inclusão no complexo adquirem um relevo de contornos mais nítidos no pensamento da criança.

XVI

Durante o estágio seguinte do desenvolvimento da abstração, o agrupamento de objetos com base na máxima semelhança possível é substituído pelo agrupamento com base em um único atributo: por exemplo, só objetos redondos ou só objetos achatados. Embora o produto seja indistinguível do produto de um conceito, essas formações, a exemplo dos pseudoconceitos, são simples precursoras dos verdadeiros conceitos. De acordo com o uso introduzido por Groos [*14*], chamaremos essas formações de *conceitos potenciais*.

Os conceitos potenciais resultam de uma espécie de abstração isolante de natureza tão primitiva, que está presente, em certo grau, não apenas nas crianças muito novas, mas até mesmo nos animais. As galinhas podem ser treinadas para responder a um atributo distinto em diferentes objetos, tais como a cor ou a forma, caso esse atributo indique alimento acessível; os chimpanzés de Koehler, uma vez tendo aprendido a usar uma vara como instrumento, utilizavam outros objetos alongados sempre que precisavam de uma vara e não havia nenhuma disponível.

Mesmo nas crianças muito novas, os objetos ou situações que apresentam alguns traços comuns evocam respostas semelhantes; no estágio pré-verbal mais precoce, as crianças esperam nitidamente que situações semelhantes levem a resultados idênticos. Quando uma criança associa uma palavra a um objeto, ela prontamente aplica essa palavra a um novo objeto que a impressiona, por considerá-lo, sob certos aspectos, semelhante ao primeiro. Portanto, os conceitos potenciais podem ser formados tanto na esfera do pensamento perceptual como na esfera do pensamento prático, voltado para a ação – com base em impressões semelhantes, no primeiro caso, e em significados funcionais semelhantes, no segundo. Estes últimos constituem uma fonte importante de conceitos potenciais. É fato bem conhecido que até os primeiros anos da idade escolar os significados funcionais têm um papel muito importante no pensamento infantil. Quando se pede a uma criança que explique uma palavra, ela responde dizendo o que o objeto designado pela palavra pode fazer, ou – mais frequentemente – o que pode ser feito com ele. Mesmo os conceitos abstratos são em geral traduzidos para a linguagem da ação concreta: *"sensato* quer dizer que estou com calor mas não me exponho a uma corrente de ar".

Os conceitos potenciais já desempenham um papel no pensamento por complexos, considerando-se que a abstração também ocorre na formação dos complexos. Os complexos associativos, por exemplo, pressupõem a "abstração" de um traço comum em diferentes unidades. Mas enquanto o pensamento por complexos predomina, o traço abstraído é instável, não ocupa uma posição privilegiada e facilmente cede o seu domínio temporário a outros traços. Nos conceitos potenciais propriamente ditos, um traço abstraído não se perde facilmente entre os outros traços. A totalidade concreta dos traços foi destruída pela sua abstração, criando-se a possibilidade de unificar os traços em uma base diferente. Somente o domínio da abstração, combinado com o pensamento por complexos em sua fase mais avançada, permite à criança progredir até a formação dos conceitos verdadeiros. Um conceito só aparece quando os traços abstraídos são sintetizados novamente, e a síntese abstrata daí resultante torna-se o principal instrumento do pensamento. Como ficou demonstrado em nossos experimentos, o papel decisivo nesse processo é desempenhado pela palavra, deliberadamente empregada para dirigir todos os processos parciais da fase mais avançada da formação de conceitos[3].

XVII

Em nosso estudo experimental dos processos intelectuais dos adolescentes, observamos como as formas primitivas de pensamento (sincréticas e por complexos) gradualmente desaparecem, como os conceitos potenciais vão sendo usados cada vez menos, e começam a formar-se os verdadeiros conceitos – espo-

....
3. Deve ficar claro, neste capítulo, que as palavras também desempenham uma importante função, ainda que diferente, nos vários estágios do pensamento por complexos. Portanto, consideramos o pensamento por complexos um estágio do desenvolvimento do pensamento *verbal*, ao contrário de muitos outros autores [21, 53, 55], que ampliam o termo *complexo* para incluir o pensamento pré-verbal e até mesmo a intelecção primitiva dos animais.

radicamente no início, e depois com frequência cada vez maior. No entanto, mesmo depois de ter aprendido a produzir conceitos, o adolescente não abandona as formas mais elementares; elas continuam a operar ainda por muito tempo, sendo na verdade predominantes em muitas áreas do seu pensamento. A adolescência é menos um período de consumação do que de crise e transição.

O caráter transitório do pensamento adolescente torna-se especialmente evidente quando observamos o funcionamento real dos conceitos recém-adquiridos. Os experimentos realizados com o objetivo específico de estudar as operações que os adolescentes efetuam com os conceitos revelam, em primeiro lugar, uma discrepância surpreendente entre a sua capacidade de formar conceitos e a sua capacidade de defini-los.

O adolescente formará e utilizará um conceito com muita propriedade numa situação concreta, mas achará estranhamente difícil expressar esse conceito em palavras, e a definição verbal será, na maioria dos casos, muito mais limitada do que seria de esperar a partir do modo como utilizou o conceito. A mesma discrepância também ocorre no pensamento dos adultos, mesmo em níveis muito avançados. Isso confirma o pressuposto de que os conceitos evoluem de forma diferente da elaboração deliberada e consciente da experiência em termos lógicos. A análise da realidade com a ajuda de conceitos precede a análise dos próprios conceitos.

O adolescente depara-se com outro obstáculo quando tenta aplicar um conceito que formou numa situação específica a um novo conjunto de objetos ou circunstâncias, em que os atributos sintetizados no conceito aparecem em configurações diferentes da original. (Um exemplo seria a aplicação, aos objetos cotidianos, do novo conceito "pequeno e alto", desenvolvido no teste com os blocos.) Mesmo assim, o adolescente é geralmente capaz de realizar essa transferência num estágio bastante precoce de seu desenvolvimento.

Bem mais difícil do que a transferência em si é a tarefa de definir um conceito quando este não mais se encontra enraizado na situação original, devendo ser formulado num plano puramente abstrato, sem referência a quaisquer impressões ou situações concretas. Em nossos experimentos, a criança ou o adolescente que resolvia corretamente o problema da formação de conceitos descia, frequentemente, a um nível mais primitivo de pensamento ao dar uma definição verbal do conceito, e começava simplesmente a enumerar os diferentes objetos aos quais o conceito se aplicava em um determinado contexto. Nesse caso, operava com o nome como se fosse um conceito, mas definia-o como um complexo – uma forma de pensamento que oscila entre o conceito e o complexo, típica dessa idade de transição.

A maior dificuldade é a aplicação de um conceito, finalmente apreendido e formulado a um nível abstrato, a novas situações concretas que devem ser vistas nesses mesmos termos abstratos – um tipo de transferência que, em geral, só é dominado no final da adolescência. A transição do abstrato para o concreto mostra-se tão árdua para o jovem como a transição primitiva do concreto para o abstrato. Nossos experimentos não deixam qualquer dúvida de que, nesse ponto, a descrição da formação de conceitos dada pela psicologia tradicional, que se limita a reproduzir o esquema da lógica formal, é totalmente desvinculada da realidade.

De acordo com a escola clássica, a formação de conceitos é alcançada por meio do mesmo processo do "retrato de família" nas fotografias compostas de Galton. Estas são feitas tirando-se fotos de membros diferentes de uma família na mesma chapa, de modo que os "traços de família" comuns a várias pessoas aparecem com extraordinária nitidez, enquanto a sobreposição torna indistintos os traços pessoais que diferenciam os indivíduos. Supõe-se que, na formação de conceitos, ocorra uma intensificação semelhante dos traços comuns a um certo número de objetos; segundo a teoria tradicional, a soma desses traços *é* o conceito. Na realidade, como alguns psicólogos já notaram há muito, e os nossos experimentos confirmam, o caminho pelo qual os adolescentes chegam à formação de conceitos nunca corresponde a esse esquema lógico. Quando se examina o processo da formação de conceitos em toda a sua complexidade, este surge como um *movimento* do pensamento dentro da pirâmide de conceitos, constantemente oscilando entre duas direções, do particular para o geral e do geral para o particular.

Nossa investigação mostrou que um conceito se forma não pela interação das associações, mas mediante uma operação intelectual em que todas as funções mentais elementares participam de uma combinação específica. Essa operação é dirigida pelo uso das palavras como o meio para centrar ativamente a atenção, abstrair determinados traços, sintetizá-los e simbolizá-los por meio de um signo.

Os processos que levam à formação dos conceitos evoluem ao longo de duas linhas principais. A primeira é a formação dos complexos: a criança agrupa diversos objetos sob um "nome de família" comum; esse processo passa por vários estágios. A segunda linha de desenvolvimento é a formação de "conceitos potenciais", baseados no isolamento de certos atributos comuns. Em ambos os casos, o emprego da palavra é parte integrante dos processos de desenvolvimento, e a palavra conserva a sua função diretiva na formação dos conceitos verdadeiros, aos quais esses processos conduzem.

6. *O desenvolvimento dos conceitos científicos na infância*

I

Para se criar métodos eficientes para a instrução das crianças em idade escolar no conhecimento sistemático, é necessário entender o desenvolvimento dos conceitos científicos na mente da criança. Não menos importante do que esse aspecto prático do problema é o seu significado teórico para a ciência psicológica. Entretanto, o nosso conhecimento global do assunto é surpreendentemente limitado.

O que acontece na mente da criança com os conceitos científicos que lhe são ensinados na escola? Qual é a relação entre a assimilação da informação e o desenvolvimento interno de um conceito científico na consciência da criança?

A psicologia infantil contemporânea tem duas respostas para essas perguntas. Uma escola de pensamento acredita que os conhecimentos científicos não têm nenhuma história interna, isto é, não passam por nenhum processo de desenvolvimento, sendo absorvidos já prontos mediante um processo de compreensão e assimilação. A maior parte dos métodos e teorias educacionais ainda se baseia nessa concepção. No entanto, é uma concepção que não resiste a um exame mais aprofundado, tanto teoricamente quanto em termos de suas aplicações práticas. Como sabemos, a partir das investigações sobre o processo da formação de conceitos, um conceito é mais do que a soma de certas conexões associativas formadas pela memória, é mais do que um simples hábito mental; é um ato real e complexo de pensamento que não pode ser ensinado por meio de treinamento, só podendo ser realizado quando o próprio desenvolvimento mental da criança já tiver atingido o nível necessário. Em qualquer idade, um conceito expresso por uma palavra representa um ato de generalização. Mas os significados das palavras evoluem. Quando uma palavra nova é aprendida pela criança, o seu desenvolvimento mal começou: a palavra é, primeiramente, uma generalização do tipo mais primitivo; à medida que o intelecto da criança se desenvolve, é substituída por generalizações de um tipo cada vez mais elevado – processo este que acaba por levar à formação dos verdadeiros conceitos. O desenvolvimento dos conceitos, ou dos significados das palavras, pressupõe o desenvolvimento de muitas funções intelectuais: atenção deliberada, memória lógica, abstração, capacidade para comparar e diferenciar. Esses processos psicológicos complexos não podem ser dominados apenas através da aprendizagem inicial.

A experiência prática mostra também que o ensino direto de conceitos é impossível e infrutífero. Um professor que tenta fazer isso geralmente não obtém qualquer resultado, exceto o verbalismo vazio, uma repetição de palavras pela criança, semelhante à de um papagaio, que simula um conhecimento dos conceitos correspondentes, mas que na realidade oculta um vácuo.

Tolstoi, com sua profunda compreensão da natureza da palavra e do significado, percebeu, mais claramente do que a maioria dos outros educadores, a impossibilidade de um conceito simplesmente ser transmitido pelo professor ao aluno. Ele narra suas tentativas de ensinar a linguagem literária a crianças camponesas, "traduzindo" primeiro o seu próprio vocabulário para a linguagem dos contos folclóricos e, depois, traduzindo a linguagem dos contos para o russo literário. Descobriu que não se poderia ensinar às crianças a linguagem literária por meio de explicações artificiais, por memorização compulsiva e por repetição, do mesmo modo que se ensina uma língua estrangeira. Tolstoi escreve:

> Temos que admitir que tentamos várias vezes... fazer isso, e que sempre nos deparamos com uma enorme aversão por parte das crianças, o que mostra que estávamos no caminho errado. Esses experimentos me deixaram com a certeza de que é impossível explicar o significado de uma palavra... Quando se explica qualquer palavra, a palavra "impressão", por exemplo, coloca-se em seu lugar outra palavra igualmente incompreensível, ou toda uma série de palavras, sendo a conexão entre elas tão ininteligível quanto a própria palavra.

O que a criança necessita, diz Tolstoi, é de uma oportunidade para adquirir novos conceitos e palavras a partir do contexto linguístico geral.

> Quando ela ouve ou lê uma palavra desconhecida numa frase, de resto compreensível, e a lê novamente em outra frase, começa a ter uma ideia vaga do novo conceito: mais cedo ou mais tarde ela... sentirá a necessidade de usar essa palavra – e uma vez que a tenha usado, a palavra e o conceito lhe pertencem... Mas transmitir deliberadamente novos conceitos ao aluno ... é, estou convencido, tão impossível e inútil quanto ensinar uma criança a andar apenas por meio das leis do equilíbrio [*43*, p. 143]

A segunda concepção da evolução dos conceitos científicos não nega a existência de um processo de desenvolvimento na mente da criança em idade escolar; no entanto, segundo tal concepção esse processo não difere, em nenhum aspecto, do desenvolvimento dos conceitos formados pela criança em sua experiência cotidiana, e é inútil considerar os dois processos isoladamente. Qual é o fundamento dessa concepção?

A literatura sobre esse campo mostra que, ao estudar a formação de conceitos na infância, a maioria dos investigadores usou os conceitos cotidianos formados pela criança sem a ajuda do aprendizado sistemático. Presume-se que as leis baseadas nesses dados se apliquem também aos conceitos científicos da criança, não se considerando necessária nenhuma comprovação dessa hipótese. Somente alguns dos mais perspicazes estudiosos modernos do pensamento infantil questionam a validade dessa extensão. Piaget estabelece uma nítida fronteira entre as ideias da criança acerca da realidade, desenvolvidas principalmente mediante seus próprios esforços mentais, e aquelas que foram decisivamente influenciadas pelos adultos; ele denomina o primeiro grupo de *espontâneas* e o segundo de *não espontâneas*, e admite que o último grupo pode merecer uma investigação independente. A esse respeito, vai além e mais fundo do que qualquer outro estudioso dos conceitos infantis.

Ao mesmo tempo, há erros no raciocínio de Piaget que depreciam o valor de suas ideias. Embora defenda que, ao formar um conceito, a criança o marca com as características da sua própria mentalidade, Piaget tende a aplicar essa tese apenas aos conceitos espontâneos, e presume que somente estes podem nos elucidar as qualidades especiais do pensamento infantil; ele não consegue ver a interação entre os dois tipos de conceitos e os elos que os unem num sistema total de conceitos, durante o desenvolvimento intelectual da criança. Esses erros conduzem-no a outro. É um dos princípios básicos da teoria de Piaget que a socialização progressiva do pensamento é a própria essência do desenvolvimento mental da criança. Mas, se as suas ideias sobre a natureza dos conceitos não espontâneos fossem corretas, seguir-se-ia que um fator tão importante na socialização do pensamento quanto a aprendizagem escolar não tem qualquer relação com os processos do desenvolvimento interior. Essa incoerência é o ponto fraco da teoria de Piaget, tanto em termos teóricos quanto práticos.

Teoricamente, a socialização do pensamento é vista por Piaget como uma abolição mecânica das características do próprio pensamento da criança, seu enfraquecimento gradual. Tudo o que é novo no desenvolvimento vem do exterior, substituindo os próprios modos de pensamento da criança. Durante toda a infância há um conflito incessante entre as duas formas de pensamento mutuamente antagônicas, com uma série de acomodações em cada nível de desenvolvimento sucessivo, até que o pensamento adulto acabe por predominar. A própria natureza da criança não desempenha nenhum papel construtivo em seu progresso intelectual. Quando Piaget diz que nada é mais importante para o aprendizado eficaz do que um conhecimento completo do pensamento espontâneo da criança [33], ele está aparentemente sendo induzido pela ideia de que é preciso conhecer o pensamento infantil tanto quanto se deve conhecer um inimigo, a fim de se combatê-lo com êxito.

Oporemos a essas premissas errôneas a premissa de que o desenvolvimento dos conceitos não espontâneos tem que possuir todos os traços peculiares ao pensamento da criança em cada nível do desenvolvimento, porque esses conceitos não são aprendidos mecanicamente, mas evoluem com a ajuda de uma vigorosa atividade mental por parte da própria criança. Acreditamos que os dois processos – o desenvolvimento dos conceitos espontâneos e dos conceitos não espontâneos – se relacionam e se influenciam constantemente. Fazem parte de um único processo: o desenvolvimento da formação de conceitos, que é afetado por diferentes condições externas e internas, mas que é essencialmente um processo unitário, e não um conflito entre formas de intelecção antagônicas e mutuamente exclusivas. O aprendizado é uma das principais fontes de conceitos da criança em idade escolar, e é também uma poderosa força que direciona o seu desenvolvimento, determinando o destino de todo o seu desenvolvimento mental. Se assim é, os resultados do estudo psicológico dos conceitos infantis podem aplicar-se aos problemas do aprendizado de uma forma muito diferente daquela imaginada por Piaget.

Antes de examinar essas premissas detalhadamente, queremos apresentar as nossas próprias razões para diferenciarmos os conceitos espontâneos dos não espontâneos – em particular, os científicos – e submetermos os últimos a um estudo especial.

Em primeiro lugar, com base na simples observação, sabemos que os conceitos se formam e se desenvolvem sob condições internas e externas totalmente diferentes, dependendo do fato de se originarem do aprendizado em sala de aula ou da experiência pessoal da criança. Mesmo os motivos que induzem a criança a formar os dois tipos de conceitos não são os mesmos. A mente se defronta com problemas diferentes quando assimila os conceitos na escola e quando é entregue aos seus próprios recursos. Quando transmitimos à criança um conhecimento sistemático, ensinamos-lhe muitas coisas que ela não pode ver ou vivenciar diretamente. Uma vez que os conceitos científicos e espontâneos diferem quanto à sua relação com a experiência da criança, e quanto à atitude da criança para com os objetos, pode-se esperar que o seu desenvolvimento siga caminhos diferentes, desde o seu início até a sua forma final.

A escolha dos conceitos científicos como objeto de estudo tem também um valor heurístico. Atualmente, a psicologia tem apenas duas formas de estudar a formação de conceitos. Uma lida com os conceitos reais da criança, mas emprega métodos – tais como a definição verbal – que não vão além da superfície; a outra permite uma análise psicológica incomparavelmente mais profunda, mas somente por meio do estudo da formação de conceitos criados artificialmente. Um problema metodológico urgente com que nos deparamos é encontrar formas de estudar os conceitos *reais* em *profundidade* – encontrar um método que utilize os resultados já obtidos pelos dois métodos empregados até o momento. A abordagem mais promissora para o problema parece ser o estudo dos conceitos científicos, que são conceitos reais, embora se formem debaixo dos nossos olhos quase à maneira dos conceitos artificiais.

Finalmente, o estudo dos conceitos científicos como tais tem importantes implicações para a educação e o aprendizado.

Embora esses conceitos não sejam absorvidos já prontos, o ensino e a aprendizagem desempenham um importante papel na sua aquisição. Descobrir a complexa relação entre o aprendizado e o desenvolvimento dos conceitos científicos é uma importante tarefa prática. Essas foram as considerações que nos guiaram ao separarmos os conceitos científicos dos conceitos cotidianos e ao submetê-los a um estudo comparativo. Para exemplificar o tipo de pergunta a que tentamos responder, vamos tomar o conceito "irmão" – um conceito cotidiano típico, que Piaget utilizou tão habilmente para estabelecer toda uma série de peculiaridades do pensamento infantil – e compará-lo com o conceito "exploração", que foi apresentado às crianças nas aulas de ciências sociais. Será que o seu desenvolvimento é o mesmo, ou será diferente? Será que "exploração" apenas repete o percurso do desenvolvimento de "irmão", ou será, psicologicamente, um conceito diferente? Sugerimos que os dois conceitos provavelmente diferem quanto ao seu desenvolvimento e funcionamento, e que essas duas variantes do processo de formação de conceitos devem influenciar-se mutuamente em sua evolução.

II

Para estudar a relação entre o desenvolvimento dos conceitos científicos e dos conceitos cotidianos, precisamos de um parâmetro para compará-los. Para elaborar um instrumento de medição, temos que conhecer as características típicas dos conceitos cotidianos na idade escolar, assim como a direção do seu desenvolvimento durante esse período.

Piaget demonstrou que os conceitos da criança em idade escolar são caracterizados, sobretudo, por sua falta de percepção consciente das relações, embora as manipule corretamente, de uma forma irrefletida e espontânea. Piaget perguntou a crianças de sete a oito anos o significado da palavra *porque* na frase "Amanhã não vou à escola porque estou doente". A maior parte das crianças respondeu: "Significa que ele está doente". Outras disseram: "Significa que ele não irá à escola". Uma criança é incapaz de entender que a pergunta não se refere aos fatos isolados da doença e da falta às aulas, mas sim à conexão entre eles. No entanto, ela certamente apreende o significado da frase. Espontaneamente, usa a palavra *porque* de forma correta, mas não sabe empregá-la deliberadamente. Assim, não sabe completar a frase "O homem caiu da bicicleta porque ... " com uma conclusão adequada. Muitas vezes, a criança substituirá a causa por uma consequência ("porque ele quebrou o braço"). O pensamento infantil é não deliberado e inconsciente de si próprio. Então, como a criança finalmente atinge a consciência e o domínio dos seus próprios pensamentos? Para explicar o processo, Piaget cita duas leis da psicologia.

Uma é a lei da percepção, formulada por Claparède, que provou, por meio de experimentos muito interessantes, que a percepção da diferença precede a percepção da semelhança. A criança reage de forma bastante natural a objetos que são semelhantes, e não tem nenhuma necessidade de se conscientizar de suas formas de reação, ao passo que a dessemelhança cria um estado de inadaptação que conduz à percepção. A lei de Claparède afirma que quanto mais facilmente usamos uma relação em ação, menos consciência temos dela; nós nos conscientizamos daquilo que estamos fazendo na proporção da dificuldade que vivenciamos para nos adaptar à situação.

Piaget utiliza a lei de Claparède para explicar o desenvolvimento do pensamento que ocorre entre os sete e os doze anos. Durante esse período, as operações mentais da criança entram repetidamente em conflito com o pensamento adulto. Ela sofre fracassos e derrotas por causa das deficiências de sua lógica, e essas experiências dolorosas criam a necessidade de tomar consciência de seus conceitos.

Entendendo que essa necessidade não é uma explicação suficiente para nenhuma mudança do desenvolvimento, Piaget complementa a lei de Claparède com a lei da transferência ou do deslocamento. Tornar-se consciente de uma operação mental significa transferi-la do plano da ação para o plano da linguagem, isto é, recriá-la na imaginação de modo que possa ser expressa em palavras. Essa transformação não é nem rápida, nem suave. A lei afirma que o domínio de uma operação no plano superior do pensamento verbal apresenta as mesmas dificuldades que o domínio anterior dessa operação no plano da ação. Isso explica o seu lento progresso.

Essas interpretações não parecem adequadas. As descobertas de Claparède podem ter outra explicação. Nossos próprios estudos experimentais sugerem que a criança se conscientiza das diferenças mais cedo do que das semelhanças, não porque as diferenças levam a um mau funcionamento, mas porque a percepção da semelhança exige uma estrutura de generalização e de conceitualização mais avançada do que a consciência da dessemelhança. Ao analisar o desenvolvimento dos conceitos de diferença e de semelhança, descobrimos que a consciência da semelhança pressupõe a formação de uma generalização, ou de um conceito, que abranja todos os objetos que são semelhantes, ao passo que a consciência da diferença não exige tal generalização – pode surgir de outras maneiras. O fato de a sequência do desenvolvimento desses dois conceitos inverter a sequência da anterior manipulação comportamental da semelhança e da diferença não é único. Nossos experimentos estabeleceram, por exemplo, que a criança reage a uma ação representada graficamente mais cedo do que à representação de um objeto, mas se torna plenamente consciente do objeto antes de tomar consciência da ação[1].

....
1. Desenhos idênticos foram mostrados a dois grupos de crianças em idade pré-escolar, com idades e nível de desenvolvimento semelhantes. Pediu-se a um grupo que representasse o desenho – o que indicaria o grau de apreensão imediata do seu conteúdo; pediu-se ao outro grupo que o descrevesse em palavras, uma tarefa que exige um grau de compreensão conceitualmente mediada. Descobriu-se que os "atores" representavam o sentido da situação da ação representada, ao passo que os narradores enumeravam objetos separados.

A lei da transferência é um exemplo da teoria genética, amplamente difundida, segundo a qual certos acontecimentos ou modelos observados nos primeiros estágios de um processo de desenvolvimento se repetirão nos seus estágios mais avançados. Os traços que realmente se repetem, muitas vezes, cegam o observador para as diferenças significativas originadas do fato de os processos posteriores ocorrerem num nível superior de desenvolvimento. Podemos deixar de discutir o princípio da repetição enquanto tal, já que estamos apenas interessados em seu valor explicativo, no que diz respeito ao desenvolvimento da consciência. A lei da transferência, assim como a lei da consciência, pode no máximo responder por que a criança em idade escolar não é consciente dos seus conceitos, mas não consegue explicar como se atinge essa consciência. Temos que procurar outra hipótese para explicar esse acontecimento decisivo no desenvolvimento mental da criança.

Segundo Piaget, a ausência de consciência na criança em idade escolar é um resíduo do seu egocentrismo, que, embora em vias de desaparecer, ainda mantém a sua influência na esfera do pensamento verbal, que está começando a se formar exatamente nesse momento. A consciência é atingida quando o pensamento socializado maduro expulsa o egocentrismo residual do nível do pensamento verbal.

Essa explicação da natureza dos conceitos da criança em idade escolar, baseada essencialmente na sua incapacidade geral de conscientizar-se plenamente de seus atos, não resiste ao exame dos fatos. Vários estudos mostraram que é precisamente durante o início da idade escolar que as funções intelectuais superiores, cujas características principais são a consciência reflexiva e o controle deliberado, adquirem um papel de destaque no processo de desenvolvimento. A atenção, que antes era involuntária, passa a ser voluntária e depende cada vez mais do próprio pensamento da criança; a memória mecânica se transforma em memória lógica orientada pelo significado, podendo agora ser usada deliberadamente pela criança. Poder-se-ia dizer que tanto a atenção como a memória tornam-se "lógicas" e voluntárias, já que o controle de uma função é a contrapartida da consciência que se tem dela. Entretanto, não se pode negar um fato demonstrado por Piaget: embora a criança em idade escolar adquira uma consciência e um domínio maiores e mais estáveis das suas operações conceituais, ainda não está consciente delas. Todas as funções mentais básicas tornam-se conscientes e deliberadas durante a idade escolar, *exceto* o próprio intelecto.

Para resolver esse paradoxo aparente, devemos nos voltar para as leis fundamentais que regem o desenvolvimento psicológico. Uma delas afirma que a consciência e o controle aparecem apenas num estágio tardio do desenvolvimento de uma função, após esta ter sido utilizada e praticada inconsciente e espontaneamente. Para submeter uma função ao controle da volição e do intelecto, temos primeiro que nos apropriar dela.

O estágio das funções indiferenciadas na infância é seguido pela diferenciação e pelo desenvolvimento da percepção no início da infância, e pelo desenvolvimento da memória na criança em idade pré-escolar, para mencionar apenas os aspectos mais importantes do desenvolvimento mental em cada idade. A atenção, que corresponde à estruturação do que é percebido e lembrado, participa desse desenvolvimento. Consequentemente, a criança que está para entrar na escola possui, de uma forma bastante madura, as funções que ela deve, em seguida, aprender a submeter ao controle consciente. Mas os conceitos – ou melhor, os preconceitos, como deveriam se chamar nessa fase – mal começaram, nesse período, o seu processo de evolução a partir dos complexos, e seria um verdadeiro milagre se a criança fosse capaz de se tornar consciente deles e dominá-los durante esse mesmo período. Para que isso fosse possível, a consciência não teria apenas que se apossar das suas funções isoladas: teria de criá-las.

Antes de prosseguir, queremos esclarecer o termo *consciência*, no sentido em que o empregamos ao falar das funções não conscientes "que se tornam conscientes". (Empregamos o termo *não consciente* para distinguir o que ainda não é consciente do "inconsciente" freudiano, resultante da repressão, que é um desenvolvimento posterior, um efeito de uma diferenciação relativamente elevada da consciência.) A atividade da consciência pode seguir rumos diferentes; pode explicar apenas alguns aspectos de um pensamento ou de um ato. Acabei de dar um nó – fiz isso conscientemente, mas não sei explicar como o fiz, porque minha consciência estava concentrada mais no nó do que nos meus próprios movimentos, o *como* de minha ação. Quando este último torna-se objeto de minha consciência, já terei me tornado plenamente consciente. Utilizamos a palavra *consciência* para indicar a percepção da atividade da mente – a consciência de estar consciente. Uma criança em idade pré-escolar que, em resposta à pergunta "Você sabe o seu nome?", diz como se chama não possui essa percepção autorreflexiva; ela sabe o seu nome, mas não está consciente de que sabe.

Os estudos de Piaget mostraram que a introspecção começa a se desenvolver apenas durante o período escolar. Esse processo tem muitos pontos em comum com o desenvolvimento da percepção exterior e da observação, na transição entre a primeira e a segunda infâncias, quando a criança passa de uma percepção primitiva e desprovida de palavras para uma percepção dos objetos orientada e expressa por palavras – percepção em termos de significado. Do mesmo modo, a criança em idade escolar passa da introspecção não formulada para a introspecção verbalizada; percebe os seus próprios processos psíquicos como processos significativos. Mas a percepção em termos de significado implica sempre um certo grau de generalização. Consequentemente, a transição para a auto-observação verbalizada denota um processo incipiente de generalização das formas interiores de atividade. A passagem para um novo tipo de percepção interior significa também a passagem para um tipo mais elevado de atividade interior, uma vez que uma nova forma de ver as coisas cria novas possibilidades de manipulá-las. Os movimentos de um jogador de xadrez são determinados pelo que ele vê no tabuleiro; quando a sua percepção do jogo se modifica, sua estratégia também se modifica. Ao perceber alguns dos nossos próprios atos de uma forma generalizante, nós os isolamos da nossa atividade mental total, e assim nos tornamos capazes de centrar a nossa atenção nesse processo como tal, estabelecendo uma nova relação com ele. Dessa forma, o fato de nos tornarmos conscientes de nossas operações, concebendo-as como um processo de um determinado *tipo* – como, por exemplo, a lembrança ou a imaginação –, nos torna capazes de dominá-las.

O aprendizado escolar induz o tipo de percepção generalizante, desempenhando assim um papel decisivo na conscientização da criança dos seus próprios processos mentais. Os conceitos científicos, com o seu sistema hierárquico de inter-relações, parecem constituir o meio no qual a consciência e o domínio se desenvolvem, sendo mais tarde transferidos a outros conceitos e a outras áreas do pensamento. A consciência reflexiva chega à criança através dos portais dos conhecimentos científicos.

A caracterização que Piaget faz dos conceitos espontâneos da criança como sendo não conscientes e assistemáticos tende a confirmar a nossa tese. A sugestão de que *espontâneo*, quando aplicado a conceitos, é sinônimo de *não consciente* é óbvia em todos os seus trabalhos, e pode-se facilmente descobrir qual é a base em que isso se assenta. Ao operar com conceitos espontâneos, a criança não está consciente deles, pois a sua atenção está sempre centrada no objeto ao qual o conceito se refere, nunca no próprio ato do pensamento. A concepção de Piaget de que os conceitos espontâneos existem para a criança fora de qualquer conceito sistemático também é clara. Segundo ele, se quisermos descobrir e explorar as ideias espontâneas da própria criança, ocultas por trás dos conceitos não espontâneos que ela expressa, teremos que começar a libertá-las de todos os vínculos a um sistema. Essa abordagem resultou nos tipos de respostas que expressam a atitude não mediada da criança em relação aos objetos, e que estão presentes em todos os livros de Piaget.

Parece-nos óbvio que um conceito possa submeter-se à consciência e ao controle deliberado somente quando começa a fazer parte de um sistema. Se consciência significa generalização, a generalização, por sua vez, significa a formação de um conceito supraordenado que inclui o conceito dado como um caso específico. Um conceito supraordenado implica a existência de uma série de conceitos subordinados, e pressupõe também uma hierarquia de conceitos de diferentes níveis de generalidade. Assim, o conceito dado é inserido em um sistema de relações de generalidade. O seguinte exemplo pode ilustrar a função de diferentes graus de generalidade no aparecimento de um sistema. Uma criança aprende a palavra flor, e logo depois a palavra *rosa;* durante muito tempo o conceito "flor", embora de aplicação mais ampla do que "rosa", não pode ser considerado o mais geral para a criança. Não inclui e nem subordina a si a palavra "rosa" – os dois são intercambiáveis e justapostos. Quando "flor" se generaliza, a relação entre "flor" e "rosa", assim como entre "flor" e outros conceitos subordinados, também se modifica na mente da criança. Um sistema está se configurando.

Nos conceitos científicos que a criança adquire na escola, a relação com um objeto é mediada, desde o início, por algum outro conceito. Assim, a própria noção de conceito científico implica certa posição em relação a outros conceitos, isto é, um lugar dentro de um sistema de conceitos. É nossa tese que os rudimentos de sistematização primeiro entram na mente da criança, por meio do seu contato com os conceitos científicos, e são depois transferidos para os conceitos cotidianos, mudando a sua estrutura psicológica de cima para baixo.

III

A inter-relação entre os conceitos científicos e os conceitos espontâneos é um caso especial de um tema mais amplo: a relação entre o aprendizado escolar e o desenvolvimento mental da criança. Várias teorias sobre essa relação foram propostas no passado, e a questão é, ainda hoje, uma das principais preocupações da psicologia soviética. Analisaremos três tentativas para respondê-la, a fim de inserir o nosso estudo em um contexto mais amplo.

A primeira teoria, que ainda é a mais amplamente aceita, considera o aprendizado e o desenvolvimento independentes entre si. O desenvolvimento é visto como um processo de maturação sujeito às leis naturais; e o aprendizado, como a utilização das oportunidades criadas pelo desenvolvimento. Um dos aspectos típicos dessa escola de pensamento são as suas tentativas de separar, com muito cuidado, os produtos do desenvolvimento dos produtos do aprendizado, supostamente com o propósito de encontrá-los na sua forma pura. Nenhum investigador até hoje foi capaz de realizar isso. A culpa é geralmente atribuída a métodos inadequados, e os fracassos são compensados redobrando-se as análises especulativas. Esses esforços para dividir o aparato intelectual da criança em duas categorias andam de mãos dadas com a ideia de que o desenvolvimento pode seguir o seu caminho normal e alcançar um nível elevado sem nenhuma ajuda do aprendizado – que até mesmo crianças que nunca frequentaram a escola são capazes de desenvolver as formas mais elevadas de pensamento acessíveis aos seres humanos. Com mais frequência, no entanto, essa teoria é modificada para levar em conta uma relação que obviamente existe entre o desenvolvimento e o aprendizado: o primeiro cria as potencialidades, o segundo as realiza. A educação é vista como um tipo de superestrutura erigida sobre a maturação; ou, para mudarmos de metáfora, a educação se relaciona com o desenvolvimento da mesma forma que o consumo se relaciona com a produção. Admite-se, portanto, a existência de uma relação unilateral: a aprendizagem depende do desenvolvimento, mas o curso do desenvolvimento não é afetado pela aprendizagem.

Essa teoria se baseia na observação simples de que qualquer aprendizado exige um certo grau de maturidade de determinadas funções: não se pode ensinar uma criança de um ano de idade a ler, ou uma criança de três anos a escrever. Desse modo, a análise da aprendizagem reduz-se à determinação do nível de desenvolvimento que várias funções devem atingir para que a aprendizagem se torne possível. Quando a memória da criança já progrediu o suficiente para capacitá-la a memorizar o alfabeto, quando a sua atenção pode fixar-se numa tarefa maçante, quando o seu pensamento já amadureceu a ponto de permitir-lhe entender a conexão entre signo e som – então pode-se começar a ensinar a criança a escrever. De acordo com essa variante da primeira teoria, o aprendizado mal consegue acompanhar o desenvolvimento. O desenvolvimento tem que completar certos ciclos antes que o aprendizado possa começar.

A verdade dessa última afirmação é óbvia; existe, de fato, um nível mínimo necessário. Entretanto, essa visão unilateral resulta numa série de concepções erradas. Suponhamos que a memória, a atenção e o pensamento da criança já se desenvolveram a ponto de capacitá-la a aprender a escrita e a aritmética; será que o estudo da escrita e da aritmética tem alguma influência sobre a sua memória, a sua atenção e o seu pensamento, ou não? A psicologia tradicional responde: sim, à medida que a criança exercita essas funções; mas o processo de desenvolvimento como tal não se modifica; nada de novo acontece no desenvolvimento mental da criança; ela aprendeu a escrever – e nada mais. Essa concepção, característica da velha teoria educacional, também impregna os escritos de Piaget, que acredita que o pensamento da criança passa por certas fases e estágios, independentemente de qualquer instrução que ela possa receber; a instrução permanece um fator externo. O nível do desenvolvimento da criança não deve ser avaliado por aquilo que ela aprendeu através da instrução, mas sim pelo modo como ela pensa sobre assuntos a respeito dos quais nada lhe foi ensinado. Aqui, a separação – na verdade, a oposição – entre o aprendizado e o desenvolvimento é levada ao seu extremo.

A segunda teoria acerca do desenvolvimento e do aprendizado identifica os dois processos. Foi originalmente exposta por William James, e baseia ambos os processos na associação e na formação de hábitos, transformando assim a instrução num sinônimo de desenvolvimento. Essa concepção passa, no presente momento, por um processo de renascimento, tendo em Thorndike o seu principal defensor. A reflexologia, que traduziu o associacionismo para a linguagem da fisiologia, vê o desenvolvimento intelectual da criança como uma acumulação gradual de reflexos condicionados; e a aprendizagem é vista exatamente da mesma forma. Como o aprendizado e o desenvolvimento são idênticos, nem sequer se questiona a relação concreta entre eles.

A terceira escola de pensamento, representada pelo gestaltismo, tenta reconciliar as duas teorias anteriores, evitando as suas deficiências. Embora esse ecletismo resulte numa abordagem um tanto inconsistente, realiza uma certa síntese das duas concepções opostas. Koffka afirma que todo desenvolvimento tem dois aspectos: a maturação e a aprendizagem. Embora isso signifique aceitar, de uma forma menos extrema, os dois pontos de vista antigos, a nova teoria representa um avanço em relação às outras duas, sob três pontos de vista.

Em primeiro lugar, Koffka admite uma certa interdependência entre os dois aspectos do desenvolvimento. Com base em alguns fatos, demonstra que a maturação de um órgão depende do seu funcionamento, que se aperfeiçoa por meio da aprendizagem e da prática. A maturação, por sua vez, cria novas oportunidades para a aprendizagem. Mas Koffka se limita a postular uma influência mútua, sem examinar detalhadamente a sua natureza. Em segundo lugar, essa teoria introduz uma nova concepção do próprio processo educacional como a formação de novas estruturas e o aperfeiçoamento das antigas. Portanto, atribui-se ao aprendizado um papel estrutural significativo. Uma característica básica de qualquer estrutura é a sua independência em relação à sua substância original – pode ser transferida a outros meios. Uma vez que a criança já formou uma certa estrutura, ou aprendeu determinada operação, ela será capaz de empregá-la em outras áreas. Demos-lhe um centavo de instrução, e ela ganhou uma pequena fortuna, em termos de desenvolvimento. O terceiro ponto em que essa teoria se confronta vantajosamente com as anteriores é a sua concepção da relação temporal entre aprendizado e desenvolvimento. Já que a instrução dada em uma área pode transformar e reorganizar outras áreas do pensamento infantil, pode não apenas seguir o amadurecimento, ou manter-se no mesmo nível que ele, mas também precedê-lo e favorecer o seu progresso. Admitir que diferentes sequências temporais são igualmente possíveis e importantes é uma contribuição da teoria eclética que não deveria ser subestimada.

Essa teoria nos coloca face a face com um velho problema, que reaparece de uma forma nova: a teoria quase esquecida da disciplina formal, geralmente associada a Herbart. Segundo essa teoria, o aprendizado de certas matérias desenvolve as faculdades mentais em geral, além de proporcionar o conhecimento da matéria e de habilidades específicas. Na prática, isso levou às mais reacionárias formas de educação, tais como os "liceus clássicos" russos e alemães, que enfatizavam excessivamente a importância do grego e do latim como fontes de "disciplina formal". Esse sistema foi finalmente abandonado porque não satisfazia às necessidades práticas da educação burguesa moderna. Dentro da própria psicologia, Thorndike, numa série de investigações, fez o máximo para desacreditar o mito da disciplina formal e provar que o aprendizado não tinha nenhum efeito considerável sobre o desenvolvimento. A sua crítica é convincente na medida em que se aplica aos exageros ridículos da disciplina formal, mas não toca a sua essência.

No seu esforço para refutar a concepção de Herbart, Thorndike pesquisou as funções mais restritas, as mais especializadas e as mais rudimentares. Do ponto de vista de uma teoria que reduz toda aprendizagem à formação de elos associativos, a escolha da atividade faria pouca diferença. Em alguns experimentos, ensinou-se os sujeitos a distinguir os comprimentos relativos das linhas, e depois tentou-se verificar se essa prática aumentava ou não a sua habilidade para distinguir as dimensões dos ângulos. Naturalmente, descobriu-se que isso não ocorria. A influência do aprendizado sobre o desenvolvimento fora postulada pela teoria da disciplina formal somente em relação a matérias como a matemática ou as línguas, que envolvem vastos complexos de funções psíquicas. Talvez a capacidade para medir as linhas não afete a capacidade para distinguir os ângulos, mas o estudo da língua materna – com a sua consequente sofisticação de conceitos – pode ainda ter alguma influência sobre o estudo da aritmética. O trabalho de Thorndike faz parecer provável que existam dois tipos de aprendizado: o treinamento estritamente especializado em alguma habilidade, como, por exemplo, a datilografia, que envolve a formação de hábitos e exercícios e é encontrado mais frequentemente em escolas profissionalizantes para adultos; e o tipo de instrução dada às crianças em idade escolar, que ativa vastas áreas da consciência. A ideia de disciplina formal pode ter pouco a ver com o primeiro tipo, mas pode certamente mostrar-se válida para o segundo. Evidentemente, nos processos superiores que surgem durante o desenvolvimento cultural da criança, a disciplina formal deve desempenhar um papel diferente daquele que desempenha nos processos mais elementares: todas as funções superiores têm em comum a consciência, a abstração e o controle. De acordo com as concepções teóricas de Thorndike, as diferenças qualitativas entre as funções inferiores e superiores são ignoradas nos seus estudos sobre a transferência do treinamento.

Para formular a nossa teoria experimental acerca das relações entre aprendizado e desenvolvimento, partimos de quatro séries de investigações [*2*], cujo objetivo comum era desvendar essas inter-relações complexas em certas áreas definidas do aprendizado escolar: leitura e escrita, gramática, aritmética, ciências sociais e ciências naturais. As pesquisas específicas que desenvolvemos voltaram-se para temas como o domínio do sistema decimal em relação ao desenvolvimento do conceito de número; a consciência que a criança tem das suas operações ao resolver problemas matemáticos; os processos de elaborar e resolver problemas por parte dos alunos de primeira série. Muito material interessante veio à luz sobre o desenvolvimento da linguagem oral e escrita durante a idade escolar, os níveis consecutivos da compreensão do significado figurado, a influência do domínio das estruturas gramaticais sobre o rumo do desenvolvimento mental, a compreensão das relações no estudo das ciências sociais e naturais. As investigações concentraram-se no nível de maturidade das funções psíquicas no início da educação escolar, e na influência da educação escolar sobre o seu desenvolvimento; na sequência temporal do aprendizado e do desenvolvimento; na função de "disciplina formal" das várias matérias escolares. Discutiremos essas questões a seguir, uma de cada vez.

1. Em nossa primeira série de estudos, examinamos o nível de desenvolvimento das funções psíquicas necessárias para a aprendizagem das matérias escolares básicas – leitura e escrita, aritmética, ciências naturais. Descobrimos que, no início do aprendizado, essas funções não poderiam ser consideradas maduras, mesmo nas crianças que se mostravam capazes de dominar com êxito o currículo. A linguagem escrita é um bom exemplo. Por que razão a escrita torna-se difícil para a criança em idade escolar, a ponto de, em certos períodos, existir uma defasagem de seis a oito anos entre a sua "idade linguística" na fala e na escrita? Esse fato é geralmente explicado pela novidade da escrita: como

uma nova função, tem que repetir os estágios do desenvolvimento da fala; portanto, a escrita de uma criança de oito anos assemelha-se à fala de uma criança de dois anos. Esta explicação é obviamente insuficiente. Uma criança de dois anos usa poucas palavras e uma sintaxe simples, porque o seu vocabulário é limitado e ela não tem nenhum conhecimento de estruturas sintáticas mais complexas; mas a criança em idade escolar possui o vocabulário e as formas gramaticais necessárias para a escrita, já que são as mesmas utilizadas na fala oral. As dificuldades para dominar a mecânica da escrita também não podem explicar o enorme abismo entre a linguagem escrita e a linguagem oral da criança.

Nossa investigação mostrou que o desenvolvimento da escrita não repete a história do desenvolvimento da fala. A escrita é uma função linguística distinta, que difere da fala oral tanto na estrutura como no funcionamento. Até mesmo o seu mínimo desenvolvimento exige um alto nível de abstração. É a fala em pensamento e imagens apenas, carecendo das qualidades musicais, expressivas e de entoação da fala oral. Ao aprender a escrever, a criança precisa se desligar do aspecto sensorial da fala e substituir palavras por imagens de palavras. Uma fala apenas imaginada, que exige a simbolização de imagem sonora por meio de signos escritos (isto é, um segundo grau de representação simbólica), deve ser naturalmente muito mais difícil para a criança do que a fala oral, assim como a álgebra é mais difícil do que a aritmética. Nossos estudos mostram que o principal obstáculo é a qualidade abstrata da escrita, e não o subdesenvolvimento de pequenos músculos ou quaisquer outros obstáculos mecânicos.

A escrita também é uma fala sem interlocutor, dirigida a uma pessoa ausente ou imaginária, ou a ninguém em especial – uma situação nova e estranha para a criança. Nossos estudos mostram que, quando começamos a ensinar uma criança a escrever, deparamo-nos com uma fraca motivação por parte dela. Não sente nenhuma necessidade da escrita, e só tem uma vaga ideia de sua utilidade. Na conversação, todas as frases são impelidas por um motivo. O desejo ou a necessidade levam aos pedidos, as perguntas conduzem às respostas, e a confusão à explicação. Os motivos variáveis dos interlocutores determinam a todo instante o curso da fala oral. Ela não tem que ser conscientemente dirigida – a situação dinâmica se encarrega disso. Os motivos para escrever são mais abstratos, mais intelectualizados, mais distantes das necessidades imediatas. Na escrita, somos obrigados a criar a situação, ou a representá-la para nós mesmos. Isso exige um distanciamento da situação real.

A escrita também exige uma ação analítica deliberada por parte da criança. Na fala, a criança mal tem consciência dos sons que emite e está bastante inconsciente das operações mentais que executa. Na escrita, ela tem que tomar conhecimento da estrutura sonora de cada palavra, dissecá-la e reproduzi-la em símbolos alfabéticos, que devem ser estudados e memorizados antes. Da mesma forma deliberada, tem que pôr as palavras em uma certa sequência, para que possa formar uma frase. A escrita exige um trabalho consciente porque a sua relação com a fala interior é diferente da relação com a fala oral. Esta última precede a fala interior no decorrer do desenvolvimento, ao passo que a escrita segue a fala interior e pressupõe a sua existência (o ato de escrever implica uma tradução a partir da fala interior). Mas a gramática do pensamento não é igual nos dois casos. Poder-se-ia até mesmo dizer que a sintaxe da fala interior é exatamente oposta à sintaxe da escrita, permanecendo a fala oral numa posição intermediária.

A fala interior é uma fala condensada e abreviada. A escrita é desenvolvida em toda a sua plenitude, é mais completa do que a fala oral. A fala interior é quase que inteiramente predicativa, porque a situação, o objeto do pensamento, é sempre conhecida por aquele que pensa. A escrita, ao contrário, tem que explicar plenamente a situação para que se torne inteligível. A passagem da fala interior, extremamente compacta, para a fala oral, extremamente detalhada, exige o que se poderia chamar de semântica deliberada – a estruturação intencional da teia do significado.

Todos esses traços da linguagem escrita explicam por que o seu desenvolvimento na criança em idade escolar fica muito atrás daquele da fala oral. A discrepância é causada pela proficiência da criança na atividade espontânea e inconsciente, e pela sua falta de habilidade para a atividade abstrata, deliberada. Como os nossos estudos mostraram, as funções psicológicas sobre as quais se baseia a escrita nem começaram a se desenvolver de fato quando o ensino da escrita tem início, e este tem que se basear em processos rudimentares que mal começaram a surgir.

Resultados semelhantes foram obtidos no campo da aritmética, da gramática e das ciências naturais. Em todos os casos, as funções necessárias estão imaturas quando o aprendizado se inicia. Discutiremos brevemente a questão da gramática, que apresenta algumas características especiais.

A gramática é um assunto que parece ter pouca utilidade prática. Ao contrário de outras matérias escolares, não ensina novas habilidades à criança, pois esta já conjuga e declina antes de entrar na escola. Já se chegou até mesmo a dizer que o ensino da gramática na escola poderia ser abolido. Podemos replicar que a nossa análise mostrou claramente que o estudo da gramática é de grande importância para o desenvolvimento mental da criança.

A criança domina, de fato, a gramática da sua língua materna muito antes de entrar na escola, mas esse domínio é inconsciente, adquirido de forma puramente estrutural, tal como a composição fonética das palavras. Se pedirmos a uma criança pequena que produza uma combinação de sons, *sc* por exemplo, descobriremos que a articulação deliberada é extremamente difícil para ela; entretanto, dentro de uma estrutura, como, por exemplo, na palavra *Moscou*, ela pronuncia os mesmos sons com facilidade. O mesmo é válido para a gramática. A criança usará o tempo verbal correto numa frase, mas não saberá declinar ou conjugar uma palavra quando isso lhe for pedido. Ela pode não adquirir novas formas gramaticais ou sintáticas na escola, mas, graças ao aprendizado da gramática e da escrita, realmente torna-se consciente do que está fazendo e aprende a usar suas habilidades conscientemente. Assim como uma criança percebe pela primeira vez, ao aprender a escrever, que a palavra *Moscou* é formada pelos sons *m-o-s-c-o-u*, e aprende a pronunciar cada um deles isoladamente, também aprende a construir frases, a fazer conscientemente o que já vinha fazendo inconscientemente ao falar. A gramática e a escrita ajudam a criança a passar para um nível mais elevado do desenvolvimento da fala.

Assim, a nossa investigação mostra que o desenvolvimento das bases psicológicas para o aprendizado de matérias básicas não precede esse aprendizado, mas se desenvolve numa interação contínua com as suas contribuições.

2. Nossa segunda série de investigações centrou-se na relação temporal entre os processos de aprendizado e o desenvolvimento das funções psicológicas correspondentes. Descobrimos que o aprendizado geralmente precede o desenvolvimento. A criança adquire certos hábitos e habilidades numa área específica, antes de aprender a aplicá-los consciente e deliberadamente. Nunca há um paralelismo completo entre o curso do aprendizado e o desenvolvimento das funções correspondentes.

O aprendizado tem as suas próprias sequências e sua própria organização, segue um currículo e um horário, e não se pode esperar que as suas regras coincidam com as leis internas dos processos de desenvolvimento que desencadeia. Com base em nossos estudos, tentamos delinear as curvas do progresso do aprendizado e das funções psicológicas que participam dele; essas curvas não eram coincidentes, ao contrário, indicavam uma relação extremamente complexa.

Por exemplo, as diferentes etapas na aprendizagem da aritmética podem não ter o mesmo valor para o desenvolvimento mental. Muitas vezes, três ou quatro etapas do aprendizado pouco acrescentam à compreensão da aritmética por parte da criança, e depois, na quinta etapa, algo surge repentinamente: a criança captou um princípio geral, e a curva do seu desenvolvimento sobe acentuadamente. Para essa criança específica, a quinta operação foi decisiva, mas isso não pode ser considerado uma regra geral. O momento crucial em que o princípio geral se torna claro para a criança não pode ser antecipado pelo currículo. A criança não aprende o sistema decimal como tal; aprende a escrever números, a somar e a multiplicar, a resolver problemas; a partir disso, algum conceito geral sobre o sistema decimal acaba por surgir.

Quando a criança aprende alguma operação aritmética ou algum conceito científico, o desenvolvimento dessa operação ou conceito apenas começou. O nosso estudo mostra que a curva do desenvolvimento não coincide com a curva do aprendizado escolar; em geral, o aprendizado precede o desenvolvimento.

3. Nossa terceira série de investigações assemelha-se aos estudos de Thorndike acerca da transferência do treinamento, exceto pelo fato de que nossos experimentos foram realizados com matérias escolares e com as funções superiores, ao invés das elementares, isto é, com matérias e funções supostamente relacionadas entre si de um modo significativo.

Descobrimos que o desenvolvimento intelectual, longe de seguir o modelo atomístico de Thorndike, não é compartimentado de acordo com os tópicos do aprendizado. O seu percurso é muito mais unitário, e as diferentes matérias escolares interagem, contribuindo com ele. Embora o processo de aprendizado siga a sua própria ordem lógica, desperta e dirige, na mente da criança, um sistema de processos oculto à observação direta e sujeito às suas próprias leis de desenvolvimento. Desvendar esses processos de desenvolvimento estimulados pelo aprendizado é uma das tarefas básicas do estudo psicológico do aprendizado.

Especificamente, nossos experimentos trouxeram à tona os seguintes fatos inter-relacionados: os pré-requisitos psicológicos para o aprendizado de diferentes matérias escolares são, em grande parte, os mesmos; o aprendizado de uma matéria influencia o desenvolvimento das funções superiores para além dos limites dessa matéria específica; as principais funções psíquicas envolvidas no estudo de várias matérias são interdependentes – suas bases comuns são a consciência e o domínio deliberado, as contribuições principais dos anos escolares. A partir dessas descobertas, conclui-se que todas as matérias escolares básicas atuam como uma disciplina formal, cada uma facilitando o aprendizado das outras; as funções psicológicas por elas estimuladas se desenvolvem ao longo de um processo complexo.

4. Em nossa quarta série de estudos, abordamos um problema que não havia recebido atenção suficiente no passado, mas que consideramos de importância fundamental para o estudo do aprendizado e do desenvolvimento.

A maior parte das investigações psicológicas acerca do aprendizado escolar media o nível de desenvolvimento mental da criança fazendo-a resolver certos problemas padronizados. Supunha-se que os problemas que ela conseguisse resolver sozinha indicavam o nível do seu desenvolvimento mental nessa ocasião específica. Mas, desse modo, só é possível medir a etapa já concluída do desenvolvimento da criança, o que está longe de representar a totalidade do processo. Tentamos uma abordagem diferente. Após termos descoberto que a idade mental de duas crianças era, digamos, oito anos, demos a cada uma delas problemas mais difíceis do que seriam capazes de resolver sozinhas, dando-lhes uma pequena assistência: o primeiro passo para uma solução, uma pergunta importante ou algum outro tipo de ajuda. Descobrimos que uma das crianças podia, em cooperação, resolver problemas elaborados para uma criança de doze anos, ao passo que a outra não conseguia ir além dos problemas concebidos para crianças de nove anos. A discrepância entre a idade mental real de uma criança e o nível que ela atinge ao resolver problemas com o auxílio de outra pessoa indicam a zona do seu desenvolvimento proximal; em nosso exemplo, essa zona é de quatro para a primeira criança e de um para a segunda. Podemos realmente afirmar que o seu desenvolvimento mental é o mesmo? A experiência nos mostrou que a criança com a zona maior de desenvolvimento proximal terá um aproveitamento muito melhor na escola. Essa medida dá-nos uma pista mais útil sobre a dinâmica do progresso intelectual do que aquela que nos é fornecida pela idade mental.

Atualmente os psicólogos não podem compartilhar a concepção dos leigos, segundo a qual a imitação é uma atividade mecânica e que qualquer pessoa pode imitar quase tudo se ensinarmos a ela como fazê-lo. Para imitar, é necessário possuir os meios para se passar de algo que já se conhece para algo novo. Com o auxílio de uma outra pessoa, toda criança pode fazer mais do que faria sozinha – ainda que se restringindo aos limites estabelecidos pelo grau de seu desenvolvimento. Koehler descobriu que um chimpanzé consegue imitar apenas os atos inteligentes de outros macacos que ele próprio seria capaz de executar. É verdade que o adestramento persistente pode induzi-lo a executar ações muito mais complicadas, mas estas são realizadas mecanicamente e têm todas as características de hábitos desprovidos de significado, ao invés de soluções intuitivas. O mais inteligente dos animais é incapaz de se desenvolver intelectualmente por meio da imitação. Pode ser treinado a executar atos específicos, mas novos hábitos não resultam em novas habilidades gerais. Nesse sentido, é possível afirmar que os animais não podem ser ensinados.

No desenvolvimento da criança, pelo contrário, a imitação e o aprendizado desempenham um papel importante. Trazem à tona as qualidades especificamente humanas da mente e levam a criança a novos níveis de desenvolvimento. Na aprendizagem da fala, assim como na aprendizagem das matérias escolares, a imitação é indispensável. O que a criança é capaz de fazer hoje em cooperação, será capaz de fazer sozinha amanhã. Portanto, o único tipo positivo de aprendizado é aquele que caminha à frente do desenvolvimento, servindo-lhe de guia; deve voltar-se não tanto para as funções já maduras, mas principalmente para as funções em amadurecimento. Continua sendo necessário determinar o limiar mínimo em que, digamos, o aprendizado da aritmética possa ter início, uma vez que este exige um grau mínimo de maturidade das funções. Mas devemos considerar, também, o limiar superior; o aprendizado deve ser orientado para o futuro, e não para o passado.

Por algum tempo, as nossas escolas favoreceram o sistema "complexo" de aprendizado que, segundo se acreditava, estaria adaptado às formas de pensamento da criança. Na medida em que oferecia à criança problemas que ela conseguia resolver sozinha, esse método foi incapaz de utilizar a zona de desenvolvimento proximal e de dirigir a criança para aquilo que ela ainda não era capaz de fazer. O aprendizado voltava-se para as deficiências da criança, ao invés de se voltar para os seus pontos fortes, encorajando-a, assim, a permanecer no estágio pré-escolar do desenvolvimento.

Para cada matéria escolar há um período em que a sua influência é mais produtiva porque a criança é mais receptiva a ela. Montessori e outros educadores denominaram-no *período sensível*. O termo também é empregado em biologia, para indicar os períodos do desenvolvimento ontogenético em que o organismo é particularmente sensível a certos tipos de influências. Durante esse período, uma influência que, antes ou depois, teria um efeito reduzido pode afetar radicalmente o curso do desenvolvimento. Mas a existência de um período ótimo para o aprendizado de uma determinada matéria não pode ser explicada em termos puramente biológicos, pelo menos não no que diz respeito a processos tão complexos como a escrita. Nossa pesquisa comprovou a natureza social e cultural do desenvolvimento das funções superiores durante esses períodos, isto é, a sua dependência da cooperação com os adultos e do aprendizado. Os dados de Montessori, no entanto, não perderam a sua importância. Ela descobriu, por exemplo, que se ensinarmos uma criança a escrever muito cedo, aos quatro anos e meio ou cinco anos de idade, a resposta dela será uma "escrita explosiva", um uso abundante e imaginativo da escrita que nunca será repetido pelas crianças alguns anos mais velhas. Esse é um exemplo surpreendente da forte influência que o aprendizado pode ter quando as funções correspondentes ainda não amadureceram plenamente. A existência de períodos sensíveis para todas as matérias escolares é plenamente confirmada pelos dados obtidos em nossos estudos. Os anos escolares são, no todo, o período ótimo para o aprendizado de operações que exigem consciência e controle deliberado; o aprendizado dessas operações favorece enormemente o desenvolvimento das funções psicológicas superiores enquanto ainda estão em fase de amadurecimento. Isso se aplica também ao desenvolvimento dos conceitos científicos que o aprendizado escolar apresenta à criança.

IV

Sob nossa orientação, Zh. I. Shif conduziu uma investigação sobre o desenvolvimento dos conceitos científicos e cotidianos durante a idade escolar [37]. O seu objetivo principal era testar experimentalmente as nossas hipóteses de trabalho acerca do desenvolvimento dos conceitos científicos em comparação com o dos conceitos cotidianos. Foram apresentados à criança problemas estruturalmente semelhantes, que tratavam de material científico ou "comum", e as suas soluções foram confrontadas. Os experimentos incluíam a criação de histórias, a partir de séries de figuras que mostravam o começo, o meio e o fim de uma ação, e a atividade de completar fragmentos de frases terminadas com as palavras *porque* ou *embora*; esses testes eram complementados por análises clínicas. O material de uma das séries de testes foi extraído dos cursos de ciências sociais para o segundo e quarto anos. A segunda série de testes utilizava situações simples da vida cotidiana, tais como: "O menino foi ao cinema porque...", "A menina ainda não sabe ler, embora...", "Ele caiu da bicicleta porque...". Métodos suplementares de estudo incluíam testes para verificar o alcance do conhecimento e da capacidade de observação da criança, durante aulas especialmente preparadas com esse propósito. As crianças que estudamos eram alunos de uma escola primária.

A análise dos dados comparados isoladamente para cada faixa etária mostrou que, quando o currículo fornece o material necessário, *o desenvolvimento dos conceitos científicos ultrapassa o desenvolvimento dos conceitos espontâneos.*

FRAGMENTOS DE FRASES COMPLETADAS CORRETAMENTE

	Segundo Ano	*Quarto Ano**
	(porcentagem)	
Fragmentos terminados em *porque*		
Conceitos científicos	79,7	81,8
Conceitos espontâneos	59,0	81,3
Fragmentos terminados em *embora*		
Conceitos científicos	21,3	79,5
Conceitos espontâneos	16,2	65,5

Como podemos explicar que a incidência de resoluções corretas para os problemas que envolvem conceitos científicos é maior do que para os problemas que envolvem conceitos cotidianos? Podemos abandonar de imediato a ideia de que a criança é auxiliada por informações factuais adquiridas na escola, e que seja inexperiente no que diz respeito às coisas do cotidiano. Nos-

---

* No sistema escolar russo, as crianças do segundo e do quarto anos teriam, em média, oito e dez anos de idade. (*Nota da edição inglesa.*)

sos testes, como os de Piaget, trabalharam totalmente com coisas e relações que eram familiares às crianças, sendo muitas vezes espontaneamente mencionadas por elas nas suas conversas. Ninguém imaginará que uma criança saiba menos de bicicletas, de crianças ou de escola do que da luta de classes, da exploração ou da Comuna de Paris. A vantagem da familiaridade está toda do lado dos conceitos cotidianos.

A criança provavelmente acha difícil solucionar problemas que envolvem situações da vida cotidiana, porque não tem consciência de seus conceitos e, portanto, não pode operar com eles à vontade, conforme a tarefa exige. Uma criança de oito ou nove anos utiliza corretamente a palavra *porque* em uma conversa espontânea; ela nunca diria que um menino caiu e quebrou a perna *porque* foi levado ao hospital. Entretanto, é isso que ela faz em experimentos, até que o conceito de "porque" se torne totalmente consciente. Por outro lado, ela conclui corretamente frases relacionadas às ciências sociais: "A economia planejada é possível na Rússia porque não há propriedade privada – toda a terra, as fábricas e as usinas pertencem aos operários e camponeses". Por que, nesse caso, ela é capaz de executar a operação? Porque o professor, trabalhando com o aluno, explicou, deu informações, questionou, corrigiu o aluno e o fez explicar. Os conceitos da criança se formaram no processo de aprendizado, em colaboração com o adulto. Ao concluir a frase, ela utiliza os frutos dessa colaboração, dessa vez independentemente. A ajuda do adulto, invisivelmente presente, permite à criança resolver tais problemas mais cedo do que os problemas que dizem respeito à vida cotidiana.

Na mesma faixa etária (segundo ano), as frases com *embora* apresentam um quadro diferente: os conceitos científicos não estão na dianteira dos conceitos cotidianos. Sabemos que as relações adversativas aparecem no pensamento espontâneo da criança mais tarde do que as relações causais. Uma criança dessa idade pode aprender a utilizar conscientemente a palavra *porque* pelo fato de, a essa altura, já ter dominado o seu uso espontâneo.

Por não haver ainda dominado a palavra *embora* da mesma forma, não pode, naturalmente, utilizá-la de forma deliberada no seu pensamento "científico"; por essa razão, a porcentagem dos êxitos é igualmente baixa em ambas as séries de testes.

Nossos dados mostram um rápido progresso na solução de problemas que envolvem os conceitos cotidianos: no quarto ano, os fragmentos com *porque* são completados corretamente com igual frequência para o material científico e cotidiano. Isso vem confirmar a nossa hipótese de que o domínio de um nível mais elevado na esfera dos conceitos científicos também eleva o nível dos conceitos espontâneos. Uma vez que a criança já atingiu a consciência e o controle de um tipo de conceitos, todos os conceitos anteriormente formados são reconstruídos da mesma forma.

A relação entre os conceitos científicos e os espontâneos na categoria adversativa apresenta, no quarto ano, um quadro muito semelhante àquele apresentado pela categoria causal no segundo ano. A porcentagem de soluções corretas para as tarefas que envolvem conceitos científicos ultrapassa a porcentagem daquelas que envolvem conceitos cotidianos. Se a dinâmica é a mesma para ambas as categorias, é de se esperar que os conceitos cotidianos aumentem acentuadamente no estágio seguinte do desenvolvimento, e que finalmente alcancem os conceitos científicos. Começando dois anos mais tarde, todo o processo do desenvolvimento do "embora" duplicaria o desenvolvimento do "porque".

Acreditamos que nossos dados confirmam a hipótese de que, desde o início, os conceitos científicos e espontâneos da criança – por exemplo, os conceitos de "exploração" e de "irmão" – *se desenvolvem em direções contrárias*: inicialmente afastados, a sua evolução faz com que terminem por se encontrar. Esse é o ponto fundamental da nossa hipótese.

A criança adquire consciência dos seus conceitos espontâneos relativamente tarde; a capacidade de defini-los por meio de palavras, de operar com eles à vontade, aparece muito tempo depois de ter adquirido os conceitos. Ela possui o conceito (isto é, conhece o objeto ao qual o conceito se refere), mas não está consciente do seu próprio ato de pensamento. O desenvolvimento de um conceito científico, por outro lado, geralmente *começa* com sua definição verbal e com sua aplicação em operações não espontâneas – ao se operar com o próprio conceito, cuja existência na mente da criança tem início a um nível que só posteriormente será atingido pelos conceitos espontâneos.

Um conceito cotidiano da criança, como, por exemplo, "irmão", é algo impregnado de experiência. No entanto, quando lhe pedimos para resolver um problema abstrato sobre o irmão de um irmão, como nos experimentos de Piaget, ela fica confusa. Por outro lado, embora consiga responder corretamente a questões sobre "escravidão", "exploração" ou "guerra civil", esses conceitos são esquemáticos e carecem da riqueza de conteúdo proveniente da experiência pessoal. Vão sendo gradualmente expandidos no decorrer das leituras e dos trabalhos escolares posteriores. Poder-se-ia dizer que o *desenvolvimento dos conceitos espontâneos da criança é ascendente, enquanto o desenvolvimento dos seus conceitos científicos é descendente*, para um nível mais elementar e concreto. Isso decorre das diferentes formas pelas quais os dois tipos de conceitos surgem. Pode-se remontar a origem de um conceito espontâneo a um confronto com uma situação concreta, ao passo que um conceito científico envolve, desde o início, uma atitude "mediada" em relação a seu objeto.

Embora os conceitos científicos e espontâneos se desenvolvam em direções opostas, os dois processos estão intimamente relacionados. É preciso que o desenvolvimento de um conceito espontâneo tenha alcançado um certo nível para que a criança possa absorver um conceito científico correlato. Por exemplo, os conceitos históricos só podem começar a se desenvolver quando o conceito cotidiano que a criança tem do passado estiver suficientemente diferenciado – quando a sua própria vida e a vida dos que a cercam puder adaptar-se à generalização elementar "no passado e agora"; os seus conceitos geográficos e sociológicos devem se desenvolver a partir do esquema simples "aqui e em outro lugar". Ao forçar a sua lenta trajetória para cima, um conceito cotidiano abre o caminho para um conceito científico e o seu desenvolvimento descendente. Cria uma série de estruturas necessárias para a evolução dos aspectos mais primitivos e elementares de um conceito, que lhe dão corpo e vitalidade. Os conceitos científicos, por sua vez, fornecem estruturas para o desenvolvimento ascendente dos conceitos espontâneos da criança em relação à consciência e ao uso deliberado. Os conceitos científicos desenvolvem-se para baixo por meio dos conceitos espontâneos; os conceitos espontâneos desenvolvem-se para cima por meio dos conceitos científicos.

A influência dos conceitos científicos sobre o desenvolvimento mental da criança é análoga ao efeito da aprendizagem de uma língua estrangeira, um processo que é consciente e deliberado desde o início. Na língua materna, os aspectos primitivos da fala são adquiridos antes dos aspectos mais complexos. Estes últimos pressupõem uma certa consciência das formas fonéticas, gramaticais e sintáticas. No caso de uma língua estrangeira, as formas mais elevadas se desenvolvem antes da fala fluente e espontânea. As teorias intelectualistas da linguagem, como a de Stern, que enfatizam a relação entre signo e significado exatamente no início do desenvolvimento linguístico, têm um fundo de verdade no que diz respeito a uma língua estrangeira. Os pontos fortes de uma criança em uma língua estrangeira são os pontos fracos em sua língua materna, e vice-versa. Na sua própria língua, a criança conjuga e declina corretamente, mas sem se dar conta disso; não sabe distinguir o gênero, o caso ou o tempo da palavra que está empregando. Em uma língua estrangeira, distingue entre os gêneros masculino e feminino e está consciente das formas gramaticais desde o início.

O mesmo ocorre com a fonética. Apesar de não cometer erros de pronúncia na sua língua materna, a criança não tem consciência dos sons que pronuncia, e, ao aprender a soletrar, tem muita dificuldade para dividir uma palavra nos sons que a constituem. Numa língua estrangeira, ela faz isso com facilidade, e a sua escrita não fica atrás da sua fala. É a pronúncia, a "fonética espontânea", que ela acha difícil dominar. A fala fluente e espontânea, com um domínio rápido e seguro das estruturas gramaticais, surge para ela como o resultado positivo de um estudo demorado e árduo.

O êxito no aprendizado de uma língua estrangeira depende de um certo grau de maturidade na língua materna. A criança pode transferir para a nova língua o sistema de significados que já possui na sua própria. O oposto também é verdadeiro – uma língua estrangeira facilita o domínio das formas mais elevadas da língua materna. A criança aprende a ver a sua língua como um sistema específico entre muitos, a conceber os seus fenômenos à luz de categorias mais gerais, e isso leva à consciência das suas operações linguísticas. Goethe tinha razão ao dizer que "aquele que não conhece nenhuma língua estrangeira não conhece verdadeiramente a sua própria".

Não é de surpreender que exista uma analogia entre a interação das línguas materna e estrangeira e a interação dos conceitos científicos e espontâneos, já que ambos os processos pertencem à esfera de desenvolvimento do pensamento verbal. Entretanto, há diferenças essenciais entre eles. No estudo das línguas estrangeiras, a atenção centra-se nos aspectos externos, sonoros e físicos do pensamento verbal; no desenvolvimento dos conceitos científicos, centra-se em seu aspecto semântico. Os dois processos de desenvolvimento seguem trajetórias separadas, embora semelhantes.

Não obstante, ambos sugerem uma única resposta à questão de como se formam os novos sistemas que são estruturalmente análogos aos mais antigos: *escrita*, língua *estrangeira* e pensamento *verbal* em geral. As evidências experimentais obtidas pelos nossos estudos desmentem a teoria da transferência ou do deslocamento, segundo a qual o estágio posterior repete a trajetória do anterior, inclusive com a recorrência de dificuldades já superadas no plano inferior. Todas as nossas evidências confirmam a hipótese de que sistemas análogos se desenvolvem em direções opostas, tanto no nível superior como no inferior, e que cada sistema influencia o outro e se beneficia de seus pontos fortes.

Podemos agora voltar-nos para a inter-relação dos conceitos em um sistema – o problema central da nossa análise.

Os conceitos não ficam guardados na mente da criança como ervilhas em um saco, sem qualquer vínculo que os una. Se assim fosse, nenhuma operação intelectual que exigisse coordenação de pensamentos seria possível, assim como nenhuma concepção geral do mundo. Nem mesmo poderiam existir conceitos isolados enquanto tais; a sua própria natureza pressupõe um sistema.

O estudo dos conceitos da criança em cada faixa etária mostra que o grau de generalidade (planta, flor, rosa) é a variável psicológica básica segundo a qual podem ser significativamente ordenados. Se cada conceito é uma generalização, então a relação entre conceitos é uma relação de generalidade. O aspecto lógico dessa relação já foi estudado de forma muito mais completa do que os seus aspectos genético e psicológico. *Nosso estudo tenta preencher essa lacuna.*

Comparamos o grau de generalidade dos conceitos reais da criança com as fases e os estágios alcançados por ela na formação experimental de conceitos: sincretismo, complexos, preconceito e conceito. Nosso objetivo era descobrir se havia uma relação definida entre a estrutura de generalização tipificada por essas fases e o grau de generalidade dos conceitos.

Conceitos com diferentes graus de generalidade podem ocorrer numa mesma estrutura de generalização. Por exemplo, as ideias "flor" e "rosa" podem ambas estar presentes no estágio do pensamento por complexos. Da mesma forma, conceitos igualmente gerais podem aparecer em diferentes estruturas de generalização; por exemplo, "flor" pode aplicar-se a toda e qualquer flor no estágio do pensamento por complexos, assim como no pensamento conceitual. No entanto, descobrimos que, apesar dessa ausência de correspondência completa, cada fase ou estrutura de generalização tem como contrapartida um nível específico de generalidade, uma relação específica de conceitos supraordenados e subordinados, uma típica combinação do concreto e do abstrato. É verdade que o termo *flor* pode ser tão geral no nível do complexo como no nível do conceito, mas somente em relação aos objetos aos quais se refere. Nesse caso, um grau equivalente de generalidade não implica a identidade de todos os processos psicológicos envolvidos no uso desse termo. Assim, no pensamento por complexos, a relação entre "flor" e "rosa" não é uma relação de supraordenação; o conceito mais amplo e o mais restrito coexistem no mesmo plano.

Em nossos experimentos, uma criança muda aprendeu, sem muita dificuldade, as palavras *mesa*, *cadeira*, *escrivaninha*, *sofá*, *estantes* etc. O termo *mobília*, no entanto, mostrou-se difícil demais para ser aprendido. A mesma criança que aprendeu as palavras *camisa*, *chapéu*, *casaco*, *calças* etc. não conseguia ultrapassar o nível dessa série e aprender a palavra *roupas*. Descobrimos que, num certo nível de desenvolvimento, a criança é incapaz de passar "verticalmente" do significado de uma palavra para o de outra, isto é, de entender as suas relações de generalidade. Todos os seus conceitos estão no mesmo nível, referem-se diretamente a objetos e são delimitados entre si da mesma forma que os próprios objetos são delimitados. O pensamento verbal não é mais do que um componente secundário do pensamento perceptual, determinado pelos objetos. Portanto, esse estágio deve ser considerado um estágio anterior, pré-sincrético do desenvolvimento do significado das palavras. O aparecimento do primeiro conceito generalizado, tal como "mobília" ou "roupas", é um sintoma de progresso tão importante quanto a primeira palavra com significado.

Os níveis mais elevados no desenvolvimento do significado das palavras são regidos pela lei de equivalência de conceitos, segundo a qual qualquer conceito pode ser formulado em termos de outros conceitos de inúmeras formas. Ilustraremos o esquema que subjaz a essa lei por meio de uma analogia que não é idealmente precisa, mas bastante adequada para atender a esse propósito.

Se imaginarmos a totalidade dos conceitos como distribuídos pela superfície de um globo, a localização de cada conceito pode ser definida por meio de um sistema de coordenadas que correspondem, na geografia, à longitude e à latitude. Uma dessas coordenadas indicará a localização de um conceito entre os extremos da conceituação abstrata extremamente generalizada e a apreensão sensorial imediata de um objeto, isto é, o seu grau de concretude e abstração. A segunda coordenada representará a referência objetiva do conceito, o aspecto da realidade ao qual se aplica. Dois conceitos que se aplicam a diferentes áreas de realidade, mas que são comparáveis em grau de abstração – por exemplo, plantas e animais –, poderiam ser concebidos como conceitos que variam em latitude, mas que têm a mesma longitude. A analogia geográfica apresenta vários detalhes: o conceito mais generalizado, por exemplo, aplica-se a uma área de conteúdo mais ampla, que poderia ser representada por uma linha, e não por um ponto. Mas serve para dar a ideia de que, para ser adequadamente caracterizado, cada conceito tem de ser inserido em dois contínuos – um que representa o conteúdo objetivo e o outro que representa atos de pensamento que apreendem o conteúdo. A interseção dos dois determina todas as relações entre o conceito dado e os outros – seus conceitos coordenados, supraordenados e subordinados. Essa posição de um conceito no sistema total de conceitos pode ser chamada de sua medida de generalidade.

As múltiplas relações entre os conceitos, sobre as quais se baseia a lei de equivalência, são determinadas por suas respectivas medidas de generalidade. Tomemos dois exemplos extremos: as primeiras palavras da criança (pré-sincréticas), que não têm nenhuma variação em grau de generalidade, e os conceitos dos números, desenvolvidos pelo estudo da aritmética. No primeiro caso, é óbvio que cada conceito só pode ser expresso por si próprio, nunca por outros conceitos. No segundo caso, qualquer número pode ser expresso de inúmeras formas, devido à infinidade de números e ao fato de o conceito de qualquer número conter, também, todas as suas relações com todos os outros números. "Um", por exemplo, pode ser expresso como" 1.000 menos 999" ou, em geral, como a diferença entre dois números consecutivos, ou como qualquer número dividido por si próprio, e por meio de inúmeras outras formas. Esse é um exemplo puro de equivalência de conceitos. Na medida em que a equivalência depende das relações de generalidade entre os conceitos, e estes são específicos para cada estrutura de generalização, esta última determina a equivalência de conceitos possíveis na sua esfera.

A medida de generalidade determina não apenas a equivalência de conceitos, mas também todas as operações intelectuais possíveis com um determinado conceito. Todas as operações intelectuais – comparações, julgamentos, conclusões – exigem um certo movimento dentro da rede de coordenadas que esboçamos. Mudanças no desenvolvimento da estrutura de generalização também produzem mudanças nessas operações. Por exemplo, à medida que se atingem níveis mais elevados de generalidade, fica mais fácil para a criança lembrar-se de pensamentos, independentemente das palavras. Uma criança nova precisa reproduzir as palavras exatas pelas quais um significado lhe foi transmitido. Uma criança em idade escolar já consegue reproduzir um significado relativamente complexo com as suas próprias palavras; dessa forma, sua liberdade intelectual aumenta. Em distúrbios patológicos do pensamento conceitual, a medida de generalidade dos conceitos é distorcida, o equilíbrio entre o abstrato e o concreto é perturbado, e a relação com outros conceitos torna-se instável. O ato mental pelo qual tanto o objeto como a sua relação com o conceito são apreendidos perde a sua unidade, e o pensamento começa a seguir uma direção ilógica, cheia de caprichos e interrupções.

Um dos objetivos do nosso estudo acerca dos conceitos reais da criança era encontrar índices confiáveis de sua estrutura de generalização. Somente com a ajuda deles o esquema genético obtido por nossos estudos experimentais sobre os conceitos artificiais poderia ser proveitosamente aplicado aos conceitos reais em desenvolvimento na criança. Esse índice foi finalmente descoberto na medida de generalidade do conceito, que varia segundo os diferentes níveis de desenvolvimento, indo das formações sincréticas até os conceitos propriamente ditos. A análise dos conceitos reais da criança também nos ajudou a determinar de que maneira os conceitos diferem, nos vários níveis, em sua relação com o objeto e com o significado das palavras, bem como nas operações intelectuais que possibilitam.

Além disso, a investigação dos conceitos reais complementou o estudo experimental, mostrando claramente que cada novo estágio do desenvolvimento da generalização se constrói sobre as generalizações do nível precedente; os produtos da atividade intelectual das fases anteriores não se perdem. O elo interno entre as fases consecutivas não poderia ser desvendado em nossos experimentos porque o sujeito tinha que descartar, depois de cada solução errada, as generalizações que havia formado e recomeçar novamente. A natureza dos objetos experimentais também não permitiu a sua conceitualização em níveis hierárquicos.

A investigação dos conceitos reais preencheu essas lacunas. Descobriu-se que as ideias da criança em idade pré-escolar (que possuem a estrutura de complexos) resultam da elaboração de generalizações que predominam durante uma fase anterior, e não do agrupamento de imagens de objetos isolados. Num nível mais elevado, descobrimos uma relação análoga entre as antigas e as novas formações, no que diz respeito ao desenvolvimento dos conceitos aritméticos e algébricos. A transformação dos preconceitos (é o que geralmente são os conceitos aritméticos da criança em idade escolar) em conceitos verdadeiros, tais como os conceitos algébricos dos adolescentes, é alcançada por meio das generalizações do nível anterior. No estágio anterior, certos aspectos dos objetos haviam sido abstraídos e generalizados em ideias de números. Os conceitos algébricos representam abstrações e generalizações de certos aspectos dos números, e não dos objetos, indicando assim uma nova tendência – um plano de pensamento novo e mais elevado.

Os conceitos novos e mais elevados, por sua vez, transformam o significado dos conceitos inferiores. O adolescente que dominou os conceitos algébricos atingiu um ponto favorável, a partir do qual vê os conceitos aritméticos sob uma perspectiva mais ampla. Vimos isto nitidamente ao realizar experimentos em que a criança passava do sistema decimal para outros sistemas numéricos. Se a criança opera com o sistema decimal sem estar consciente dele enquanto tal, não se pode afirmar que ela o domina; pelo contrário, está subordinada a ele. Quando ela consegue ver o sistema decimal como um exemplo específico do conceito mais amplo de uma escala de notação, pode operar deliberadamente com esse ou qualquer outro sistema numérico. A capacidade de passar, quando assim desejar, de um sistema para outro (por exemplo, "traduzir" do sistema decimal para um outro sistema cuja base é o número cinco) é o critério desse novo nível de consciência, já que indica a existência de um conceito geral de um sistema de numeração. Nesse, como nos outros casos da transição de um nível de significado para o próximo, a criança não tem que reestruturar separadamente todos os seus conceitos anteriores, o que seria, na verdade, um trabalho de Sísifo. Uma vez que já tenha sido incorporada ao seu pensamento – em geral por meio de conceitos recentemente adquiridos na escola –, a nova estrutura gradualmente se expande para os conceitos mais antigos, à medida que estes se inserem nas operações intelectuais de tipo mais elevado.

Nossa investigação acerca dos conceitos reais da criança lança uma nova luz sobre outra questão importante da teoria do pensamento. A escola de Würzburg demonstrou que o curso do pensamento dirigido não é governado por conexões associativas, mas pouco fez para esclarecer os fatores específicos que realmente determinam a sua trajetória. A psicologia da Gestalt substituiu o princípio de associação pelo de estrutura, mas não distinguiu o pensamento propriamente dito da percepção, da memória e de todas as outras funções sujeitas a leis estruturais; repetiu o modelo da teoria da associação ao reduzir todas as funções a um único nível. Nossas investigações ajudam a transcender esse modelo, mostrando que o pensamento de um nível mais elevado é regido pelas relações de generalidade entre os conceitos – um sistema de relações ausente da percepção e da memória. Wertheimer demonstrou que o pensamento produtivo depende da transferência do problema, da estrutura em que foi apreendido pela primeira vez, para um contexto ou estrutura totalmente diferente. Mas, para transferir um objeto de pensamento da estrutura A para a estrutura B, é necessário transcender os elos estruturais dados, e isso, como nossos estudos mostram, exige a passagem para um plano de maior generalidade, para um conceito que subjaz tanto a A quanto a B, e rege ambos.

Podemos agora reafirmar, com uma sólida base fornecida pelos dados obtidos, que *a ausência de um sistema* é a diferença psicológica principal que distingue os conceitos espontâneos dos conceitos científicos. Poder-se-ia mostrar que todas as peculiaridades do pensamento infantil descritas por Piaget (tais como o sincretismo, a justaposição, a insensibilidade à contradição) originam-se da ausência de um sistema nos conceitos espontâneos da criança – uma consequência de relações de generalidade pouco desenvolvidas. Por exemplo, para que fosse perturbada por uma contradição, a criança teria que considerar as afirmações contraditórias à luz de algum princípio geral, isto é, dentro de um sistema. Mas, nos experimentos de Piaget, quando uma criança diz que um objeto se dissolveu na água porque era pequeno, e que um outro se dissolveu por ser grande, ela está apenas fazendo afirmações empíricas acerca de fatos que seguem a lógica das percepções. Nenhuma generalização do tipo "as dimensões reduzidas levam à dissolução" está presente em sua mente; portanto, as duas afirmações não são sentidas pela criança como contraditórias. É essa ausência de um certo distanciamento da experiência imediata – e não o sincretismo visto como um meio-termo entre a lógica dos sonhos e a realidade – que explica as peculiaridades do pensamento infantil. Portanto, essas peculiaridades não aparecem nos conceitos científicos da criança, os quais, desde o início, contêm relações de generalidade, isto é, alguns rudimentos de um sistema. A disciplina formal dos conceitos científicos transforma gradualmente a estrutura dos conceitos espontâneos da criança e ajuda a organizá-los num sistema; isso promove a ascensão da criança para níveis mais elevados de desenvolvimento.

Discordamos de Piaget num único ponto, mas um ponto importante. Ele presume que o desenvolvimento e o aprendizado são processos totalmente separados e incomensuráveis, e que a função da instrução é apenas introduzir formas adultas de pensamento que entram em conflito com as formas de pensamento da própria criança, superando-as, finalmente. Estudar o pensamento infantil separadamente da influência do aprendizado, como fez Piaget, exclui uma fonte muito importante de transformações e impede o pesquisador de levantar a questão da interação do desenvolvimento e do aprendizado, peculiar a cada faixa etária. Nossa abordagem se concentra nessa interação. Após ter descoberto muitos vínculos internos complexos entre os conceitos espontâneos e científicos, esperamos que as futuras investigações comparativas ajudem a esclarecer a sua interdependência, e antecipamos uma ampliação do estudo do desenvolvimento e do aprendizado para as faixas etárias mais baixas. Afinal de contas, o aprendizado não se inicia na escola. Um futuro pesquisador poderá muito bem descobrir que os conceitos espontâneos da criança são um produto do aprendizado pré-escolar, da mesma forma que os conceitos científicos são produto do aprendizado escolar.

V

Independentemente de conclusões teóricas, nosso estudo comparativo dos conceitos científicos e cotidianos produziu alguns resultados metodológicos importantes. Os métodos que elaboramos para serem usados nesse estudo permitem-nos preencher a lacuna entre as investigações dos conceitos reais e dos conceitos experimentais. As informações que obtivemos acerca dos processos mentais da criança em idade escolar que estuda ciências sociais, por mais esquemáticas e rudimentares que possam ser, sugeriram alguns possíveis aperfeiçoamentos no ensino dessa matéria.

Em retrospecto, estamos conscientes de algumas omissões e algumas falhas metodológicas, talvez inevitáveis ao se abordar pela primeira vez um novo campo de estudos. Não estudamos experimentalmente, e em detalhes, a natureza dos conceitos cotidianos da criança em idade escolar. Isso nos priva dos dados necessários para descrever o curso global do desenvolvimento psicológico durante a idade escolar; portanto, nossa crítica às teses básicas de Piaget não está suficientemente apoiada em fatos seguros, sistematicamente obtidos.

O estudo dos conceitos científicos foi realizado em uma categoria apenas – os conceitos das ciências sociais –, e os conceitos específicos selecionados para estudo não formam e nem sugerem um sistema inerente à lógica do sujeito. Embora tenhamos aprendido muito acerca do desenvolvimento dos conceitos científicos, comparados com os conceitos espontâneos, pouco aprendemos sobre as regularidades específicas do desenvolvimento dos conceitos sociológicos como tais. Os estudos futuros deveriam abranger conceitos de várias áreas do aprendizado escolar, e cada um deles deveria ser confrontado com um conjunto de conceitos cotidianos extraídos de uma área de experiência semelhante.

Por último, mas não menos importante, as estruturas conceituais que estudamos não eram suficientemente diferenciadas.

Por exemplo, ao utilizar fragmentos de frases terminados em *porque*, não separamos os vários tipos de relações causais (empíricas, psicológicas, lógicas), como Piaget fez em seus estudos. Se tivéssemos feito isso, talvez pudéssemos estabelecer uma diferenciação mais sutil entre o desempenho dos alunos de diferentes idades.

No entanto, essas próprias falhas foram úteis para se determinar a direção a ser seguida pelas pesquisas futuras. O presente estudo é apenas um primeiro e modesto passo na exploração de uma área nova e extremamente promissora na psicologia do pensamento infantil.

7. *Pensamento e palavra*

> *Esqueci a palavra que pretendia dizer, e meu pensamento, privado de sua substância, volta ao reino das sombras.*[1]

I

Começamos o nosso estudo com uma tentativa de descobrir a relação entre o pensamento e a fala nos estágios iniciais do desenvolvimento filogenético e ontogenético. Não encontramos nenhuma interdependência específica entre as raízes genéticas do pensamento e da palavra. Ficou evidente que a relação intrínseca que procurávamos não era uma condição prévia para o desenvolvimento histórico da consciência humana, mas antes um produto dele.

Nos animais, mesmo nos antropoides cuja fala é foneticamente semelhante à fala humana, e cujo intelecto se assemelha ao do homem, a fala e o pensamento não são inter-relacionados. Sem dúvida também existem, no desenvolvimento da criança, um período pré-linguístico do pensamento e um período pré-intelectual da fala. O pensamento e a palavra não são ligados por um elo primário. Ao longo da evolução do pensamento e da fala, tem início uma conexão entre ambos, que depois se modifica e se desenvolve.

---

1. De um poema de O. Mandelstam.

No entanto, seria errado considerar o pensamento e a fala como dois processos independentes, paralelos, que se cruzam em determinados momentos e influenciam mecanicamente um ao outro. A ausência de um elo primário não significa que uma conexão entre eles só possa estabelecer-se de uma forma mecânica. A ineficácia da maior parte das investigações anteriores deveu-se, em grande parte, ao pressuposto de que o pensamento e a palavra são elementos isolados e independentes, e que o pensamento verbal resulta da união externa entre eles.

O método de análise baseado nessa concepção estava destinado a fracassar. Tentava explicar as propriedades do pensamento verbal fragmentando-as em seus elementos componentes, o pensamento e a palavra, nenhum dos quais, considerados separadamente, possui as propriedades do todo. Esse método não constitui uma análise verdadeira, útil para a solução de problemas concretos; ao contrário, leva à generalização. Nós o comparamos à análise da água em hidrogênio e oxigênio – que só pode resultar em descobertas aplicáveis a toda a água existente na natureza, de uma gota de água da chuva ao oceano Pacífico. De modo semelhante, a afirmação de que o pensamento verbal se compõe de processos intelectuais e funções da fala propriamente ditas aplica-se a todo o pensamento verbal e a todas as suas manifestações, não explicando nenhum dos problemas específicos com que se depara o estudioso do pensamento verbal.

Tentamos uma nova abordagem da questão, substituindo a análise em elementos pela análise em *unidades*, cada uma das quais retendo, de forma simples, todas as propriedades do todo. Encontramos essa unidade do pensamento verbal no *significado das palavras.*

O significado de uma palavra representa um amálgama tão estreito do pensamento e da linguagem, que fica difícil dizer quando se trata de um fenômeno da fala ou de um fenômeno do pensamento. Uma palavra sem significado é um som vazio; o significado, portanto, é um critério da "palavra", seu componente indispensável. Pareceria, então, que o significado poderia ser visto como um fenômeno da fala. Mas, do ponto de vista da psicologia, o significado de cada palavra é uma generalização ou um conceito. E como as generalizações e os conceitos são inegavelmente atos de pensamento, podemos considerar o significado como um fenômeno do pensamento. Daí não decorre, entretanto, que o significado pertença formalmente a duas esferas diferentes da vida psíquica. O significado das palavras é um fenômeno de pensamento apenas na medida em que o pensamento ganha corpo por meio da fala, e só é um fenômeno da fala na medida em que esta é ligada ao pensamento, sendo iluminada por ele. É um fenômeno do pensamento verbal, ou da fala significativa – uma união da palavra e do pensamento.

Nossas investigações experimentais confirmam plenamente essa tese básica. Não só provaram que o estudo concreto do desenvolvimento do pensamento verbal é possível usando-se o significado das palavras como unidade analítica, mas também levaram a outra tese, que consideramos o resultado mais importante de nosso estudo, e que decorre diretamente da primeira: o significado das palavras evolui. A compreensão desse fato deve substituir o postulado da imutabilidade do significado das palavras.

Do ponto de vista das antigas escolas de psicologia, o elo entre a palavra e o significado é associativo, estabelecido pela reiterada percepção simultânea de um determinado som e de um determinado objeto. Em nossa mente, uma palavra evoca o seu conteúdo do mesmo modo que o casaco de um amigo nos faz lembrar desse amigo, ou uma casa, de seus habitantes. A associação entre a palavra e o significado pode tornar-se mais forte ou mais fraca, enriquecer-se pela ligação com outros objetos de um tipo semelhante, expandir-se por um campo mais vasto ou tornar-se mais limitada, isto é, pode passar por alterações quantitativas e externas mas não pode alterar a sua natureza psicológica. Para isso, teria que deixar de ser uma associação. Desse ponto de vista, qualquer desenvolvimento do significado das palavras é inexplicável e impossível – uma conclusão que constitui um obstáculo tanto para a linguística quanto para a psicologia. Uma vez comprometida com a teoria da associação, a semântica persistiu em tratar o significado das palavras como uma associação entre o som da palavra e o seu conteúdo. Todas as palavras, das mais concretas às mais abstratas, pareciam ser formadas do mesmo modo em termos do seu significado, não contendo nada de peculiar à fala como tal; uma palavra fazia-nos pensar em seu significado da mesma maneira que qualquer objeto nos faz lembrar de um outro. Pouco surpreende que a semântica sequer tenha colocado a questão mais ampla do desenvolvimento do significado das palavras. O desenvolvimento foi reduzido às mudanças nas conexões associativas entre palavras e objetos isolados: uma palavra podia, a princípio, denotar um objeto e, em seguida, associar-se a outro, do mesmo modo que um casaco, tendo mudado de dono, nos faria lembrar primeiro de uma pessoa e, depois, de outra. A linguística não percebeu que, na evolução histórica da linguagem, a própria estrutura do significado e a sua natureza psicológica também mudam. A partir das generalizações primitivas, o pensamento verbal eleva-se ao nível dos conceitos mais abstratos. Não é simplesmente o conteúdo de uma palavra que se altera, mas o modo pelo qual a realidade é generalizada e refletida em uma palavra.

A teoria da associação é igualmente inadequada para explicar o desenvolvimento do significado das palavras na infância. Nesse caso, também, ela só consegue explicar as mudanças puramente externas e quantitativas dos elos que unem a palavra ao significado, o seu enriquecimento e fortalecimento, mas não explicam as mudanças estruturais e psicológicas fundamentais que podem ocorrer – como de fato ocorrem – no desenvolvimento da linguagem nas crianças.

Curiosamente, o fato de que o associacionismo, em geral, foi abandonado por algum tempo não pareceu afetar a interpretação da palavra e do significado. A escola de Würzburg, cujo objetivo principal era provar a impossibilidade de reduzir o pensamento a um mero jogo de associações, e demonstrar a existência de leis específicas que regem o fluxo do pensamento, não reviu a teoria associacionista da palavra e do significado, e nem mesmo reconheceu a necessidade de tal revisão. O que fez foi libertar o pensamento dos grilhões da sensação e da formação de imagens e das leis da associação, transformando-o num ato puramente espiritual. Fazendo isso, regrediu para os conceitos pré-científicos de Santo Agostinho e Descartes, chegando finalmente ao extremo idealismo subjetivo. A psicologia do pensamento aproximava-se das ideias de Platão. Ao mesmo tempo, a fala era deixada à mercê da associação. Mesmo depois do trabalho da escola de Würzburg, a ligação entre uma palavra e o seu significado continuou sendo considerada como um simples elo associativo. A palavra era vista como o concomitante externo ao pensamento, apenas um adereço, sem qualquer influência sobre a sua vida interior. O pensamento e a fala nunca estiveram tão separados como durante o período Würzburg. Na verdade, a eliminação da teoria associacionista no campo do pensamento aumentou a sua influência no campo da fala.

A obra de outros psicólogos deu um reforço adicional a essa tendência. Selz continuou a investigar o pensamento sem levar em consideração a sua relação com a fala, e chegou à conclusão de que o pensamento produtivo do homem e as operações mentais dos chimpanzés eram de natureza idêntica – isso mostra que ele ignorava completamente a influência das palavras sobre o pensamento.

Até mesmo Ach, que fez um estudo especial acerca do significado das palavras, e tentou superar o associacionismo na sua teoria dos conceitos, não foi além de pressupor a presença de "tendências determinantes" que, em conjunto com as associações, atuam no processo da formação de conceitos. Consequentemente, suas conclusões não alteraram a antiga compreensão do significado das palavras. Ao identificar o conceito com o significado, não levou em consideração o desenvolvimento e as transformações dos conceitos. Uma vez estabelecido, o significado de uma palavra estava determinado para sempre; o seu desenvolvimento estava completo. Os mesmos princípios eram ensinados pelos próprios psicólogos que Ach atacava. Para ambas as facções, o ponto de partida constituía também o ponto final do desenvolvimento de um conceito; a divergência dizia respeito apenas ao modo como se iniciava a formação do significado das palavras.

Na psicologia da Gestalt, a situação não era muito diferente. Essa escola era mais coerente do que as outras, em sua tentativa de superar o princípio geral do associacionismo. Não satisfeita com uma solução parcial do problema, tentou libertar o pensamento *e* a fala do domínio da associação e submetê-los às leis da formação das estruturas. Surpreendentemente, nem mesmo essa, que é uma das mais progressistas escolas modernas de psicologia, fez quaisquer progressos na teoria da fala e do pensamento.

Por um lado, manteve essas duas funções completamente separadas. À luz do gestaltismo, a relação entre o pensamento e a palavra surge como uma simples analogia, uma redução de ambos a um denominador estrutural comum. A formação das primeiras palavras com significado, por parte da criança, é vista como algo semelhante às operações intelectuais dos chimpanzés nas experiências de Koehler. As palavras entram na estrutura das coisas e adquirem um determinado significado funcional, do mesmo modo que a vara, para o chimpanzé, torna-se parte da estrutura de obtenção do fruto, adquirindo o significado funcional de instrumento. A conexão entre a palavra e o significado não mais é considerada como uma questão de simples associação, mas como uma questão de estrutura. Parece um avanço, mas, observando mais atentamente a nova abordagem, fica fácil perceber que o avanço é ilusório e que na verdade nenhum progresso foi feito. O princípio da estrutura é aplicado a todas as relações entre as coisas, da mesma forma radical e não diferenciada que o princípio da associação era anteriormente aplicado. Continua impossível tratar das relações específicas entre a palavra e o significado, uma vez que, desde sua origem, são admitidas como idênticas, em princípio, a todas e quaisquer outras relações entre as coisas. Todos os gatos são pardos tanto na penumbra do gestaltismo como na névoa primitiva do associacionismo universal.

Enquanto Ach procurava superar o associacionismo com a "tendência determinante", a psicologia da Gestalt combatia-o com o princípio da estrutura – mantendo, no entanto, os dois erros fundamentais da teoria mais antiga: o pressuposto da natureza idêntica de todas as conexões e o pressuposto de que os significados das palavras não se alteram. Tanto a antiga quanto a nova psicologia aceitam a hipótese de que o desenvolvimento do significado de uma palavra termina assim que ela se manifesta. As novas tendências em psicologia geraram progressos em todos os ramos, exceto no estudo do pensamento e da fala. Nesse campo, os novos princípios assemelham-se aos antigos, como dois gêmeos.

Se a psicologia da Gestalt representa uma estagnação no campo da fala, no campo do pensamento deu um grande passo atrás. A escola de Würzburg pelo menos reconheceu que o pensamento tinha as suas próprias leis, cuja existência é negada pela Gestalt. Ao reduzir a um denominador estrutural comum as percepções das aves domésticas, as operações mentais dos chimpanzés, as primeiras palavras com significado das crianças e o pensamento conceitual do adulto, a Gestalt elimina toda e qualquer distinção entre a percepção mais elementar e as formas mais elevadas de pensamento.

Essa avaliação crítica pode ser assim resumida: todas as escolas e tendências psicológicas não dão o devido apreço a um ponto fundamental, isto é, que todo pensamento é uma generalização; todas estudam a palavra e o significado sem fazer qualquer referência ao desenvolvimento. Enquanto essas duas condições persistirem nas tendências que se sucedem, não haverá muita diferença no tratamento dado à questão.

II

A descoberta de que o significado das palavras evolui tira o estudo do pensamento e da fala de um beco sem saída. Os significados das palavras são formações dinâmicas, e não estáticas. Modificam-se à medida que a criança se desenvolve; e também de acordo com as várias formas pelas quais o pensamento funciona. Se os significados das palavras se alteram em sua natureza intrínseca, então a relação entre o pensamento e a palavra também se modifica. Para compreender a dinâmica dessa relação, precisamos complementar a abordagem genética de nosso estudo principal com a análise funcional, e examinar o papel do significado da palavra no processo de pensamento.

Consideremos o processo do pensamento verbal desde o primeiro impulso imperceptível de um pensamento até a sua formulação. O que pretendemos mostrar agora não é a maneira como os significados se desenvolvem ao longo de grandes períodos de tempo, mas o modo como funcionam no processo vivo do pensamento verbal. Com base nessa análise funcional, poderemos também mostrar que cada estágio no desenvolvimento do significado das palavras tem sua própria relação particular entre o pensamento e a fala. Uma vez que os problemas funcionais são mais facilmente resolvidos mediante o exame das formas mais elevadas de uma determinada atividade, deixaremos de lado, por um momento, a questão do desenvolvimento e consideraremos as relações entre o pensamento e a palavra na mente madura.

A ideia principal da discussão, a seguir, pode ser reduzida a esta fórmula: a relação entre o pensamento e a palavra não é uma coisa mas um processo, um movimento contínuo de vaivém do pensamento para a palavra, e vice-versa. Nesse processo, a relação entre o pensamento e a palavra passa por transformações que, em si mesmas, podem ser consideradas um desenvolvimento no sentido funcional. O pensamento não é simplesmente expresso em palavras; é por meio delas que ele passa a existir. Cada pensamento tende a relacionar alguma coisa com outra, a estabelecer uma relação entre as coisas. Cada pensamento se move, amadurece e se desenvolve, desempenha uma função, soluciona um problema. Esse fluxo de pensamento ocorre como um movimento interior através de uma série de planos. Uma análise da interação do pensamento e da palavra deve começar com uma investigação das fases e dos planos diferentes que um pensamento percorre antes de ser expresso em palavras.

A primeira coisa que esse estudo revela é a necessidade de se fazer uma distinção entre os dois planos da fala. Tanto o aspecto interior da fala – semântico e significativo – quanto o exterior – fonético –, embora formem uma verdadeira unidade, têm as suas próprias leis de movimento. A unidade da fala é uma unidade complexa, e não homogênea. Alguns fatos relativos ao desenvolvimento linguístico da criança revelam a presença de um movimento independente nas esferas fonética e semântica. Indicaremos dois dos mais importantes dentre esses fatos.

Quando passa a dominar a fala exterior, a criança começa por uma palavra, passando em seguida a relacionar duas ou três palavras entre si; um pouco mais tarde, progride das frases simples para as mais complexas, e finalmente chega à fala coerente, constituída por uma série dessas frases; em outras palavras, vai da parte para o todo. Por outro lado, quanto ao significado, a primeira palavra da criança é uma frase completa. Semanticamente, a criança parte do todo, de um complexo significativo, e só mais tarde começa a dominar as unidades semânticas separadas, os significados das palavras, e a dividir o seu pensamento, anteriormente indiferenciado, nessas unidades. Os aspectos semântico e externo da fala seguem direções opostas em seu desenvolvimento – um vai do particular para o geral, da palavra para a frase, e o outro vai do geral para o particular, da frase para a palavra.

Isso, por si só, é suficiente para mostrar a importância de se estabelecer uma distinção entre os aspectos vocal e semântico da fala. Como ambos seguem direções opostas, o seu desenvolvimento não coincide, mas isso não significa que sejam independentes entre si. Pelo contrário, a sua diferença é o primeiro estágio de uma estreita união. De fato, nosso exemplo revela sua ligação interior tão claramente quanto a sua diferença. Exatamente por surgir como um todo indistinto e amorfo, o pensamento da criança deve encontrar expressão em uma única palavra. À medida que o seu pensamento se torna mais diferenciado, a criança perde a capacidade de expressá-lo em uma única palavra, passando a formar um todo composto. Inversamente, o avanço da fala em direção ao todo diferenciado de uma frase auxilia o pensamento da criança a progredir de um todo homogêneo para partes bem definidas. O pensamento e a palavra não provêm de um único modelo. Em certo sentido, entre ambos existem mais diferenças do que semelhanças. A estrutura da fala não é um mero reflexo da estrutura do pensamento; é por isso que não se pode vestir as palavras com o pensamento, como se este fosse uma peça de vestuário. O pensamento passa por muitas transformações até transformar-se em fala. Não é só expressão que encontra na fala; encontra a sua realidade e a sua forma. Os processos de desenvolvimento semântico e fonético são essencialmente idênticos, exatamente porque seguem direções contrárias.

O segundo fato, igualmente importante, surge num período de desenvolvimento posterior. Piaget demonstrou que a criança utiliza orações subordinadas em que aparecem *porque*, *embora* etc., muito antes de aprender as estruturas de significado correspondentes a essas formas sintáticas. A gramática precede a lógica. Aqui também, como em nossos exemplos anteriores, a discrepância não exclui a união; na verdade, é necessária à união.

Nos adultos, a divergência entre os aspectos semântico e fonético da fala é ainda mais surpreendente. A linguística moderna que segue uma orientação psicológica está familiarizada com esse fenômeno, especialmente no que diz respeito ao sujeito e ao predicado gramaticais e psicológicos. Por exemplo, na frase "O relógio caiu", a ênfase e o significado podem mudar em diferentes situações. Suponhamos que eu perceba que o relógio parou e pergunte como isso aconteceu. A resposta é: "O relógio caiu"/ O sujeito gramatical e o sujeito psicológico coincidem: "o relógio" é a primeira ideia em minha consciência; "caiu" é o que se diz do relógio. Mas se ouço um barulho no quarto ao lado, pergunto o que aconteceu e obtenho a mesma resposta, o sujeito e o predicado serão psicologicamente invertidos. Eu sabia que algo havia caído – era sobre isso que estávamos falando. "O relógio" completa a ideia. A frase poderia ser assim modificada: "O que caiu foi o relógio", então o sujeito gramatical e o sujeito psicológico coincidiriam. No prólogo de sua peça O *duque Ernst von Schwaben*, Uhland diz: "Cenas horríveis passar-se-ão diante de seus olhos". Psicologicamente, "passar-se-ão" é o sujeito. O espectador sabe que assistirá ao desenrolar de alguns acontecimentos; a ideia adicional, o predicado, é "cenas horríveis". O que Uhland quis dizer foi: "O que se passará diante de seus olhos é uma tragédia". Qualquer parte de uma frase pode tornar-se o predicado psicológico, a parte que carrega a ênfase temática; por outro lado, significados totalmente diferentes podem ocultar-se por trás de uma estrutura gramatical. A harmonia entre a organização sintática e a organização psicológica não é tão predominante quanto se imagina – pelo contrário, é um requisito raramente encontrado. Não apenas sujeito e predicado têm os seus duplos psicológicos, mas também gênero, número, caso, grau etc. Um enunciado espontâneo, errado do ponto de vista gramatical, pode ter seu encanto e valor estético. A correção absoluta só é alcançada para além da linguagem natural, na matemática. Nossa fala cotidiana flutua constantemente entre os ideais da matemática e da harmonia imaginativa.

Vamos ilustrar a interdependência dos aspectos semânticos e gramaticais da linguagem, citando dois exemplos que mostram que as alterações na estrutura formal podem provocar profundas alterações no significado.

Ao traduzir a fábula *A cigarra e a formiga*, Krylov substituiu a cigarra de La Fontaine por uma libélula. Em francês, *cigarra* é uma palavra feminina, e, portanto, adequada para simbolizar uma atitude despreocupada e alegre. A nuança se perderia numa tradução literal, uma vez que em russo *cigarra* é masculino. Ao optar por *libélula*, que em russo é feminino, Krylov descartou o significado literal em favor da forma gramatical necessária para transmitir o pensamento de La Fontaine.

Tjutchev procedeu da mesma forma ao traduzir o poema de Reine sobre um abeto e uma palmeira. Em alemão, *abeto* é uma palavra masculina, e *palmeira*, feminina, e o poema sugere o amor de um homem por uma mulher. Em russo, ambas as árvores são designadas por palavras femininas. Para conservar a mesma implicação, Tjutchev substituiu o abeto por um cedro, que em russo é masculino. Lermontov, em sua tradução mais literal do mesmo poema, despojou-o dessas conotações poéticas e deu-lhe um significado essencialmente diferente, mais abstrato e genérico. Um pormenor gramatical pode, às vezes, modificar todo o teor do que se diz.

Por trás das palavras existe a gramática independente do pensamento, a sintaxe dos significados das palavras. O enunciado mais simples, longe de refletir uma correspondência constante e rígida entre o som e o significado, é na verdade um processo. As expressões verbais não podem surgir plenamente formadas; devem se desenvolver gradativamente. Esse complexo processo de transição do significado para o som deve, ele próprio, ser desenvolvido e aperfeiçoado. A criança deve aprender a distinguir entre a semântica e a fonética e compreender a natureza dessa diferença. A princípio ela utiliza formas verbais e significados sem ter consciência de ambos como coisas separadas. Para a criança, a palavra é parte integrante do objeto que denota. Tal concepção parece ser característica da consciência linguística primitiva. Todos conhecemos a velha história do homem rústico que afirmou não ficar surpreso com o fato de os sábios, munidos de todos os seus instrumentos, serem capazes de calcular o tamanho das estrelas e rastrear a sua trajetória – o que o deixava admirado era como conseguiam descobrir o nome delas. Experiências simples mostram que as crianças em idade pré-escolar "explicam" os nomes dos objetos pelos seus atributos. De acordo com elas, um animal chama-se "vaca" porque tem chifres, "bezerro" porque os seus chifres ainda são pequenos, "cão" porque é pequeno e não tem chifres; um objeto chama-se "carro" porque não é um animal. Quando se pergunta a uma criança se seria possível trocar os nomes dos objetos – por exemplo, chamar uma vaca de "tinta", e a tinta de "vaca" –, elas respondem que não, "porque a tinta é usada para escrever e a vaca dá leite". Uma troca de nomes significaria uma troca de traços característicos, de tal modo é inseparável a conexão entre eles na mente da criança. Num experimento foi dito às crianças que numa brincadeira um cão seria chamado de "vaca". Eis uma amostra típica das perguntas e respostas:

– Uma vaca tem chifres?

– Tem.

– Mas você não se lembra de que a vaca é na verdade um cão? Vamos lá, um cão tem chifres?

– É claro, se é uma vaca, se é chamado de vaca, então tem chifres. Esse cão tem que ter chifres pequenos.

Podemos ver como é difícil para as crianças separar o nome de um objeto de seus atributos, que se prendem ao nome quando este é transferido, do mesmo modo como as coisas que se possui acompanham o seu dono.

A fusão dos dois planos da fala, o semântico e o vocal, começa a declinar à medida que a criança cresce, e a distância entre ambos aumenta gradualmente. Cada estágio no desenvolvimento dos significados das palavras tem sua própria inter-relação específica dos dois planos. A capacidade que tem uma criança de comunicar-se por meio da linguagem relaciona-se diretamente com a diferenciação dos significados das palavras na sua fala e na sua consciência.

Para compreender isto, é preciso que nos lembremos de uma característica básica da estrutura dos significados das palavras. Na estrutura semântica de uma palavra, fazemos uma distinção entre referente e significado; de modo correspondente, distinguimos o nominativo – de uma palavra de sua função significativa. Quando comparamos essas relações estruturais e funcionais nos estágios primitivo, intermediário e avançado do desenvolvimento, descobrimos a seguinte regularidade genética: a princípio só existe a função nominativa; e, semanticamente, só existe a referência objetiva; a significação independente da nomeação e o significado independente da referência surgem posteriormente e se desenvolvem ao longo de trajetórias que tentamos rastrear e descrever.

Só quando este desenvolvimento se completa é que a criança se torna de fato capaz de formular o seu próprio pensamento e de compreender a fala dos outros. Até então, a sua utilização das palavras coincide com a dos adultos em sua referência objetiva, mas não em seu significado.

III

Precisamos aprofundar ainda mais nossa investigação e explorar o plano da fala interior que se situa para além do plano semântico. Discutiremos aqui alguns dos dados que obtivemos a partir de uma investigação especial. A relação entre o pensamento e a palavra não pode ser compreendida em toda a sua complexidade sem uma clara compreensão da natureza psicológica da fala interior. No entanto, de todos os problemas ligados ao pensamento e à linguagem, esse talvez seja o mais complexo, cercado que está por mal-entendidos terminológicos e de outra natureza.

O termo *fala interior*, ou *endolasia*, tem sido aplicado a vários fenômenos, e a argumentação de muitos autores diz respeito a coisas diferentes a que dão o mesmo nome. Originalmente, a fala interior parece ter sido entendida como memória verbal. Um exemplo disso seria o recitar silencioso de um poema que se sabe de cor. Nesse caso, a fala interior só difere da fala oral do mesmo modo que a ideia ou imagem de um objeto difere do objeto real. Era nesse sentido que a fala interior era compreendida pelos autores franceses que tentaram descobrir como as palavras eram reproduzidas na memória – se por meio de imagens auditivas, visuais, motoras ou sintéticas. Veremos que a palavra memória é, de fato, um dos elementos constituintes da fala interior, mas não o único.

Numa segunda interpretação, a fala interior é vista como uma fala exterior truncada – como "fala sem som" (Müller) ou "fala subvocal" (Watson). Bekhterev definiu-a como um reflexo da fala inibido em sua parte motora. Tal explicação não é de forma alguma suficiente. O "pronunciar" silencioso de palavras não equivale ao processo total da fala interior.

A terceira definição é, ao contrário, excessivamente ampla. Para Goldstein [*12,13*], o termo abrange tudo o que antecede o ato motor de falar, incluindo os "motivos da fala" de Wundt e a experiência de fala específica, indefinível, não sensorial e não motora – isto é, todo o aspecto interior de qualquer atividade de fala. É difícil aceitar a identificação da fala interior com uma experiência interior não articulada, em que os planos estruturais independentes e identificáveis desapareçam sem deixar vestígios. Essa experiência central é comum a toda atividade linguística, e só por esse motivo a interpretação de Goldstein não se ajusta a essa função única e específica que, por si só, merece o nome de fala interior. Logicamente desenvolvida, a opinião de Goldstein deve nos levar à tese de que a fala interior não é de forma alguma fala, mas antes uma atividade intelectual e afetivo-volitiva, uma vez que inclui os motivos da fala e o pensamento expresso em palavras.

Para se obter um quadro real da fala interior, deve-se partir do pressuposto de que se trata de uma formação específica, com suas leis próprias, que mantém relações complexas com as outras formas de atividade de fala. Antes que possamos estudar separadamente suas relações com o pensamento e a fala, devemos determinar as suas características e funções especiais.

A fala interior é a fala para si mesmo; a fala exterior é para os outros. Seria na verdade surpreendente se uma diferença funcional tão básica não afetasse a estrutura dos dois tipos de fala. A ausência de vocalização, por si só, é apenas uma consequência da natureza específica da fala interior, que não é nem um antecedente da fala exterior, nem a sua reprodução na memória, mas, em certo sentido, o contrário da fala exterior. Esta última consiste na tradução do pensamento em palavras, na sua materialização e objetificação. Com a fala interior, inverte-se o processo: a fala interioriza-se em pensamento. Consequentemente, as suas estruturas têm que divergir.

A área da fala interior é uma das mais difíceis de investigar. Manteve-se quase inacessível à experiência, até que fossem encontradas formas de se aplicar o método genético da experimentação. Piaget foi o primeiro a prestar atenção à fala egocêntrica da criança e a constatar a sua importância teórica, mas permaneceu cego à característica mais importante da fala egocêntrica – a sua relação genética com a fala interior –, o que o levou a uma interpretação distorcida de sua função e estrutura. Fizemos desta relação o problema central de nosso estudo, e pudemos assim investigar a natureza da fala interior com extraordinária inteireza. Algumas considerações e observações levaram-nos à conclusão de que a fala egocêntrica é um estágio de desenvolvimento que precede a fala interior: ambas preenchem funções intelectuais; suas estruturas são semelhantes; a fala egocêntrica desaparece na idade escolar, quando a fala interior começa a se desenvolver. De tudo isto, inferimos que uma se transforma na outra.

Se essa transformação realmente ocorre, então a fala egocêntrica fornece-nos a chave para o estudo da fala interior. Uma das vantagens de se abordar a fala interior por meio da fala egocêntrica é o fato de ser acessível à experimentação e à observação.

Além do mais, é uma fala vocalizada e audível, isto é, externa em seu modo de expressão, mas ao mesmo tempo fala interior em função e estrutura. Para estudar um processo interno, é necessário exteriorizá-lo experimentalmente, relacionando-o com alguma outra atividade exterior. Só então a análise funcional objetiva torna-se possível. A fala egocêntrica é, na verdade, uma experiência natural desse tipo.

Esse método tem também outra grande vantagem: como a fala egocêntrica pode ser estudada no momento em que algumas de suas características estão chegando ao fim e outras estão sendo formadas, podemos então avaliar quais traços são essenciais para a fala interior e quais são apenas temporários; isso nos permite determinar o objetivo desse movimento que vai da fala egocêntrica para a fala interior – isto é, a natureza da fala interior.

Antes de apresentar os resultados obtidos por esse método, analisaremos rapidamente a natureza da fala egocêntrica, enfatizando as diferenças entre a teoria de Piaget e a nossa. Piaget argumenta que a fala egocêntrica da criança é uma expressão direta do egocentrismo do seu pensamento, o qual, por sua vez, é um meio-termo entre o autismo primitivo do seu pensamento e a sua socialização gradual. À medida que a criança cresce, o autismo desaparece e a socialização evolui, levando ao declínio do egocentrismo no seu pensamento e na sua fala.

Segundo a concepção de Piaget, em sua fala egocêntrica a criança não se adapta ao pensamento dos adultos. O seu pensamento permanece totalmente egocêntrico, o que torna a sua conversa incompreensível para os outros. A fala egocêntrica não tem nenhuma função no pensamento ou na atividade realistas da criança – limita-se a acompanhá-los. E como é uma expressão do pensamento egocêntrico, desaparece juntamente com o egocentrismo da criança. A partir do seu ponto culminante, no início do desenvolvimento da criança, a fala egocêntrica cai a zero, no limiar da idade escolar. Sua história diz respeito mais à involução do que à evolução. Ela não tem futuro.

Em nossa concepção, a fala egocêntrica é um fenômeno de transição das funções interpsíquicas para as intrapsíquicas, isto é, da atividade social e coletiva da criança para a sua atividade mais individualizada – um padrão de desenvolvimento comum a todas as funções psicológicas superiores. A fala para si mesmo origina-se da diferenciação da fala para os outros. Uma vez que o curso principal do desenvolvimento da criança caracteriza-se por uma individualização gradual, essa tendência reflete-se na função e na estrutura da sua fala.

Os resultados de nossos experimentos indicam que a função da fala egocêntrica é semelhante à da fala interior: não se limita a acompanhar a atividade da criança; está a serviço da orientação mental, da compreensão consciente; ajuda a superar dificuldades; é uma fala para si mesmo, íntima e convenientemente relacionada com o pensamento da criança. O seu destino é muito diferente daquele que foi descrito por Piaget. A fala egocêntrica desenvolve-se ao longo de uma curva ascendente, e não descendente; segue uma evolução, não uma involução. Ao final, transforma-se em fala interior.

Nossa hipótese tem várias vantagens sobre a de Piaget: explica a função e o desenvolvimento da fala egocêntrica e, especialmente, a sua súbita expansão, quando a criança se vê às voltas com dificuldades que exigem consciência e reflexão – um fato revelado pelas nossas experiências e que a teoria de Piaget não consegue explicar. Mas a maior vantagem de nossa teoria é que ela dá uma resposta satisfatória a uma situação paradoxal descrita pelo próprio Piaget. Para ele, a diminuição quantitativa da fala egocêntrica, à medida que a criança cresce, significa o desaparecimento dessa forma de fala. Se assim fosse, seria de se esperar que as suas peculiaridades estruturais também declinassem; custa a crer que o processo só afetaria a sua quantidade, e não a sua estrutura interna. O pensamento da criança torna-se infinitamente menos egocêntrico no período que vai dos três aos sete anos. Se as características da fala egocêntrica que a fazem incompreensível para os outros têm, de fato, as suas raízes no egocentrismo, deveriam tornar-se menos aparentes à medida que esse tipo de fala torna-se menos frequente; a fala egocêntrica deveria aproximar-se da fala social e ser cada vez mais inteligível. No entanto, o que mostram os fatos? A conversa de uma criança de três anos será mais difícil de seguir do que a de uma criança de sete anos? Nossa investigação demonstrou que as características da fala egocêntrica que a tornam inescrutável estão no momento mais baixo de sua evolução aos três anos, atingindo o seu ponto culminante aos sete anos. Desenvolvem-se em sentido inverso ao da frequência da fala egocêntrica. Enquanto a desta última continua a cair até chegar ao ponto zero na idade escolar, as características estruturais acentuam-se cada vez mais.

Isso lança uma nova luz sobre o declínio quantitativo da fala egocêntrica, que é a pedra angular da tese de Piaget.

Que significa esse declínio? As peculiaridades estruturais da fala para si mesmo e a sua diferenciação da fala exterior aumentam com a idade. Então, o que diminui? Apenas um de seus aspectos: a vocalização. Isso significa que a fala egocêntrica como um todo está prestes a desaparecer? Acreditamos que não, pois como poderíamos explicar, então, o desenvolvimento dos traços funcionais e estruturais da fala egocêntrica? Por outro lado, o seu desenvolvimento é perfeitamente compatível com o declínio da vocalização – na verdade, esclarece o seu significado. O seu rápido declínio e o igualmente rápido desenvolvimento das outras características são contraditórios apenas na aparência.

Para explicar isso, vamos partir de um fato inegável e experimentalmente comprovado. As qualidades estruturais e funcionais da fala egocêntrica tornam-se mais marcantes à medida que a criança se desenvolve. Aos três anos, a diferença entre as falas egocêntrica e social é igual a zero; aos sete anos, temos uma forma de fala que, em função e estrutura, é totalmente diferente da fala social. Houve uma diferenciação das duas funções da fala. Isto é um fato – e os fatos são notoriamente difíceis de refutar.

Uma vez que aceitemos isso, tudo o mais se encaixa em seus devidos lugares. Se as peculiaridades estruturais e funcionais, em desenvolvimento, da fala egocêntrica vão aos poucos afastando-a da fala exterior, então o seu aspecto vocal deve desaparecer gradualmente; e é exatamente o que acontece entre os três e os sete anos de idade. Com o isolamento progressivo da fala para si mesmo, sua vocalização torna-se desnecessária e sem sentido; devido às suas peculiaridades estruturais em desenvolvimento, torna-se também impossível. A fala para si mesmo não encontra expressão na fala exterior. Quanto mais independente e autônoma se tornar a fala egocêntrica, tanto mais deficiente será o desenvolvimento de suas manifestações externas. No final, separa-se completamente da fala para os outros, deixa de vocalizar-se e parece, assim, estar sumindo.

Mas isso não passa de uma ilusão. Interpretar o coeficiente de declínio da fala egocêntrica como sinal de que esse tipo de fala está prestes a desaparecer equivale a afirmar que a criança deixa de contar quando para de utilizar os dedos e começa a fazer cálculos mentalmente. Na realidade, por trás dos sintomas de dissolução encontra-se um desenvolvimento progressivo, o nascimento de uma nova forma de fala.

A decrescente vocalização da fala egocêntrica indica o desenvolvimento de uma abstração do som, a aquisição de uma nova capacidade: a de "pensar as palavras", ao invés de pronunciá-las. É esse o significado positivo do coeficiente de declínio da fala egocêntrica. A curva decrescente indica que o desenvolvimento está se voltando para a fala interior.

Podemos ver que todos os fatos conhecidos sobre as características funcionais, estruturais e genéticas da fala egocêntrica indicam uma só coisa: que ela se desenvolve em direção à fala interior. Sua história evolutiva só pode ser compreendida como uma revelação gradual das características da fala interior.

Acreditamos que isso vem confirmar nossa hipótese sobre a origem e a natureza da fala egocêntrica. Para transformar nossa hipótese numa certeza, precisamos imaginar um experimento capaz de mostrar qual das duas interpretações é a correta. Quais são os dados para esse experimento crítico?

Vamos expor novamente as teorias entre as quais temos que nos decidir. Piaget acredita que a fala egocêntrica deriva da socialização insuficiente da fala, e que só tem uma forma possível de evolução: o declínio e a morte. A sua culminação ocorre no passado. A fala interior é algo de novo, trazido do exterior juntamente com a socialização. Acreditamos que a fala egocêntrica origina-se da individualização insuficiente da fala social primária. A sua culminação ocorre no futuro, e desenvolve-se no sentido da fala interior.

Para obter provas a favor de um ou outro ponto de vista, precisamos colocar a criança, alternadamente, em situações experimentais que incentivem a fala social e em situações que a desestimulem, e verificar de que modo estas variações afetam a fala egocêntrica. Isso é por nós considerado um *experimentum crucis*, pelas razões que vêm a seguir.

Se a fala egocêntrica da criança resulta do egocentrismo do seu pensamento e da sua socialização insuficiente, então qualquer enfraquecimento dos elementos sociais no quadro experimental, qualquer fator que contribua para isolar a criança do grupo, deve, por sua vez, levar a um aumento repentino da fala egocêntrica. Mas se esta última resulta de uma diferenciação insuficiente entre a fala para si mesmo e a fala para os outros, isso significa que as mesmas variações devem levar ao seu declínio.

Tomamos três observações do próprio Piaget como ponto de partida para o nosso experimento: (1) A fala egocêntrica só ocorre em presença de outras crianças envolvidas na mesma atividade, e não quando a criança está sozinha, isto é, trata-se de um monólogo coletivo. (2) A criança ilude-se, achando que a sua fala egocêntrica, dirigida a ninguém, é compreendida por aqueles que a cercam. (3) A fala egocêntrica tem o caráter de fala exterior: não é inaudível, nem sussurrada. Essas peculiaridades certamente não se devem ao acaso. Sob o ponto de vista da própria criança, a fala egocêntrica não está ainda separada da fala social; ocorre sob as condições subjetivas e objetivas da fala social e pode ser considerada um correlato do isolamento insuficiente da consciência individual da criança do todo social.

Em nossa primeira série de experimentos [46, 47], tentamos destruir a ilusão das crianças de estarem sendo compreendidas. Após medir o coeficiente de fala egocêntrica da criança numa situação semelhante à das experiências de Piaget, nós a submetemos a uma nova situação: com crianças surdas-mudas ou com crianças que falavam um idioma estrangeiro. Em todos os outros aspectos, o quadro experimental permaneceu o mesmo. O coeficiente da fala egocêntrica desceu a zero na maioria dos casos, e no restante caiu, em média, para um oitavo do número anterior. Isso vem provar que a ilusão, por parte da criança, de estar sendo compreendida não é um mero epifenômeno da fala egocêntrica, mas está funcionalmente relacionada a ela. Os resultados que obtivemos devem parecer paradoxais do ponto de vista da teoria de Piaget: quanto mais fraco for o contato da criança com o grupo, menos a situação social a obriga a ajustar os seus pensamentos aos dos outros e a usar a fala social, e tanto mais livremente deveria manifestar-se o egocentrismo do seu pensamento e da sua fala. Mas do ponto de vista da nossa hipótese, o significado dessas descobertas é claro: a fala egocêntrica, que deriva da falta de diferenciação entre a fala para si mesmo e a fala para os outros, desaparece quando o sentimento de ser compreendido, que é essencial para a fala social, está ausente.

Na segunda série de experimentos, o fator variável era a possibilidade do monólogo coletivo. Após medir o coeficiente de fala egocêntrica da criança em uma situação que permitia o monólogo coletivo, nós a colocamos numa situação que excluía essa possibilidade – num grupo de crianças que lhe eram estranhas; sozinha numa mesa em um canto da sala; ou ainda completamente só, sem a presença do próprio experimentador.

Os resultados dessa série foram condizentes com os primeiros resultados. A exclusão da possibilidade do monólogo coletivo provocou uma queda no coeficiente de fala egocêntrica, embora não tão acentuada como no primeiro caso – raramente caiu a zero, descendo em média para um sexto do número inicial. Os diferentes métodos de evitar o monólogo coletivo não foram igualmente eficazes para a redução do coefiente de fala egocêntrica. No entanto, a tendência à redução foi nítida em todas as variantes do experimento. Em vez de dar plena liberdade à fala egocêntrica, a exclusão do fator coletivo serviu para inibi-la, o que veio mais uma vez confirmar a nossa hipótese.

Na terceira série de experimentos, o fator variável foi a qualidade vocal da fala egocêntrica. Do lado de fora do laboratório onde se realizava o experimento, uma orquestra tocava tão alto, ou fazia-se tanto barulho, que todas as outras vozes, inclusive a da própria criança, foram abafadas: numa variante dessa situação experimental, a criança era expressamente proibida de falar alto, tendo permissão apenas para sussurrar. Mais uma vez o coeficiente de fala egocêntrica caiu, na razão de 5:1 em relação ao número inicial. Mais uma vez, os diferentes métodos não foram igualmente eficazes, mas a tendência dominante esteve invariavelmente presente.

O objetivo de todas as três séries de experimentos foi eliminar as características da fala egocêntrica que a aproximam da fala social. Concluímos que esse procedimento levou sempre a um declínio da fala egocêntrica. Portanto, é lógico pressupor que a fala egocêntrica é uma forma que evoluiu a partir da fala social, não estando ainda separada desta no tocante a suas manifestações, embora já seja distinta quanto à sua função e sua estrutura.

A divergência entre nós e Piaget no que diz respeito a essa questão será esclarecida com o seguinte exemplo: estou sentado à minha escrivaninha, conversando com uma pessoa que está atrás de mim, sendo-me impossível vê-la; essa pessoa sai da sala sem que eu perceba, e continuo a falar, na ilusão de ainda estar sendo ouvido e compreendido. Externamente, estou falando comigo e para mim mesmo, mas psicologicamente a minha fala é social. Do ponto de vista de Piaget, acontece o contrário com a criança: a sua fala egocêntrica é uma fala de si para si mesma, só aparentemente é uma fala social, da mesma forma que a minha fala dera a falsa impressão de ser egocêntrica. Do nosso ponto de vista, a situação toda é muito mais complicada: subjetivamente, a fala egocêntrica da criança já tem a sua função específica – nesse aspecto é independente da fala social; no entanto, a sua independência não é completa, porque não é sentida como fala interior, e a criança não a distingue da fala para os outros. Em termos objetivos, também é diferente da fala social, mas, de novo, não inteiramente, uma vez que só funciona em situações sociais. Tanto subjetiva quanto objetivamente, a fala egocêntrica representa uma transição da fala para os outros à fala para si mesmo. Já tem a função de fala interior, mas em sua expressão continua semelhante à fala social.

A investigação da fala egocêntrica preparou o terreno para a compreensão da fala interior, que examinaremos a seguir.

IV

Nossos experimentos nos convenceram de que a fala interior não deve ser vista como uma fala sem som, mas como uma função de fala totalmente independente. Seu principal traço distintivo é sua sintaxe especial. Comparada com a fala exterior, a fala interior parece desconexa e incompleta.

Essa observação não é nova. Todos os estudiosos da fala interior, mesmo aqueles que a abordaram do ponto de vista behaviorista, perceberam essa característica. O método da análise genética permite-nos ir além de uma mera descrição. Aplicamos esse método e constatamos que, à medida que a fala egocêntrica se desenvolve, revela uma tendência para uma forma de abreviação totalmente específica, isto é, omite o sujeito de uma frase e todas as palavras com ele relacionadas, enquanto mantém o predicado. Essa tendência para a predicação aparece em nossos experimentos com tal regularidade, que somos levados a admitir que se trata da forma sintática fundamental da fala interior.

A evocação de certas situações em que a fala exterior apresenta uma estrutura semelhante poderá ajudar-nos a compreender essa tendência. Há dois casos em que a predicação pura ocorre na fala exterior: quando se trata de uma resposta e quando o sujeito da frase é conhecido de antemão por todos os participantes da conversa. A resposta à pergunta "Quer uma xícara de chá?" nunca é "Não, não quero uma xícara de chá", mas um simples "Não". Obviamente, essa frase só é possível porque o seu sujeito é tacitamente conhecido por ambas as partes. À pergunta "O seu irmão leu este livro?", ninguém jamais responde "Sim, o meu irmão leu esse livro". A resposta limita-se a um breve "Sim", ou "Leu". Imaginemos agora que várias pessoas estão esperando um ônibus. Ao ver o ônibus se aproximar, ninguém dirá "O ônibus que estamos esperando está chegando". O mais provável é que a frase seja assim abreviada: "Vem vindo", ou algo do gênero, porque a situação evidencia o sujeito. Com muita frequência, as frases abreviadas criam confusão. O ouvinte pode relacionar a frase a um sujeito que já esteja em sua mente, e não ao sujeito a que se refere o emissor. Se os pensamentos das duas pessoas coincidirem, um perfeito entendimento poderá ser obtido pelo simples uso de predicados, mas se estiverem pensando em coisas diferentes, o mais provável é que não se entendam.

Nos romances de Tolstoi – que muitas vezes abordou o tema da psicologia do entendimento – é possível encontrar exemplos muito bons da condensação da fala exterior e da sua redução a predicados: "Apenas Kitty percebeu o que ele dizia, pois só ela pensava a todo momento no que lhe poderia ser útil" [*Ana Karenina*, Parte V, Capítulo 18]. Poderíamos dizer que os pensamentos dela, ao seguir os pensamentos do agonizante, continham o sujeito a que suas palavras se referiam, e que não era compreendido por mais ninguém. Mas talvez o exemplo mais surpreendente seja a declaração de amor entre Kitty e Liêvin por meio de letras iniciais:

– Há muito tempo desejava perguntar-lhe uma coisa.
– Então pergunte.
– Olhe – disse Liêvin, e escreveu a giz as iniciais seguintes: *Q, v, m, r: n, p, s, s, n, o, e*. Aquelas letras queriam dizer: "Quando você me respondeu: Não pode ser, significava nunca ou então?".

Não havia probabilidade alguma de Kitty poder decifrar essa frase complicada.

– Compreendi – disse por fim, corando.
– Que palavra é esta? – perguntou ele, apontando *n*, a letra que indicava "nunca".
– Significa "nunca" – respondeu ela, – Mas não é verdade! Rapidamente Liêvin apagou o que estava escrito, entregou o giz a Kitty e levantou-se. Ela escreveu: *E, n, p, r, d, o, m*.

De súbito, o rosto de Liêvin resplandeceu. Compreendera.
Aquilo significava: "Então não pude responder de outra maneira".

Kitty escreveu as iniciais seguintes: *Q, v, p, e, e, p, o, q, a*.
O significado era: "Que você possa esquecer e perdoar o que aconteceu".

Liêvin pegou no giz com os dedos rígidos e trêmulos e, partindo-o, logo em seguida escreveu as iniciais da seguinte frase: "Não tenho nada que perdoar nem que esquecer e nunca deixaria de a amar".

– Compreendi – disse, em um sussurro.
Liêvin sentou-se e escreveu uma frase comprida. Kitty compreendeu-a toda e, sem perguntar-lhe se acertara, pegou no giz, por sua vez, e respondeu.

Por muito tempo Liêvin não conseguiu decifrar o que Kitty escrevera e de quando em quando fitava-a nos olhos. A felicidade tinha-o feito perder o uso de suas faculdades. Não havia maneira de encontrar as palavras a que correspondiam as iniciais. Mas, pelos encantadores olhos da jovem, que resplandeciam de felicidade, percebeu tudo quanto precisava saber. Escreveu três letras. Ainda não acabara de o fazer já Kitty as lera, seguindo-lhe o movimento da mão; e foi ela quem terminou a frase e escreveu a resposta: "Sim".

Tivera tempo de dizer tudo: Kitty amava-o e diria aos pais que no dia seguinte pela manhã Liêvin lhes iria falar. [*Ana Karenina*, Parte IV, Capítulo 13]

Esse exemplo tem um interesse psicológico extraordinário, porque, como todo o episódio entre Kitty e Liêvin, Tolstoi foi buscá-lo em sua própria vida. Foi exatamente assim que Tolstoi comunicou à sua futura esposa que a amava. Esses exemplos mostram claramente que, quando os pensamentos dos interlocutores são os mesmos, a função da fala se reduz ao mínimo. Em outra parte, Tolstoi chama atenção para o fato de que, quando duas pessoas vivem em íntimo contato psicológico, essa comunicação por meio da fala abreviada constitui a regra, e não a exceção.

Liêvin habituara-se a exprimir ousadamente o seu pensamento, sem lhe dar uma forma concreta; sabia que nos momentos de perfeito entendimento a mulher o compreendia por meias palavras. E era esse o caso. [*Ana Karenina*, Parte VI, Capítulo 3]

Uma sintaxe simplificada, a condensação e um número muito reduzido de palavras caracterizam a tendência à predicação, que aparece na fala exterior quando os dois interlocutores conhecem bem o assunto. As confusões engraçadas que resultam sempre que os pensamentos das pessoas seguem direções opostas contrastam totalmente com esse tipo de compreensão. A confusão a que isso pode levar fica bem clara neste pequeno poema:

Dois homens apresentam-se a um juiz, sendo surdos os três.
"Este aí roubou-me a vaca", diz um deles, e o segundo responde:

"É mentira, senhor juiz; esta terra em questão sempre pertenceu ao meu pai".
E o juiz então decide: "Não briguem, são ambos inocentes, a culpada sem dúvida é a mulher".

A conversa de Kitty com Liêvin e o julgamento do surdo são casos extremos; na verdade são os dois polos da fala exterior. Um deles exemplifica o entendimento mútuo que pode ser obtido por meio de uma fala completamente abreviada, quando duas mentes ocupam-se do mesmo sujeito; o outro exemplifica a falta total de entendimento, mesmo com uma fala integral, quando os pensamentos das pessoas seguem trajetórias diferentes. Não são apenas os surdos que não conseguem se entender, mas quaisquer pessoas que atribuem um significado diferente à mesma palavra, ou que sustentam pontos de vista diferentes. Como Tolstoi notou, aqueles que estão acostumados ao pensamento solitário e independente não apreendem com facilidade os pensamentos alheios, e são muito parciais quanto aos seus próprios; mas as pessoas que mantêm um contato mais estreito apreendem os complexos significados que transmitem uma à outra, por meio de uma comunicação "lacônica e clara", que faz uso de um mínimo de palavras.

V

Depois de ter examinado a abreviação na fala exterior, podemos voltar, agora mais enriquecidos, ao mesmo fenômeno na fala interior, onde não é uma exceção, mas a regra. Será elucidativo comparar a abreviação na fala oral e escrita e na fala interior. A comunicação por escrito baseia-se no significado formal das palavras e requer um número muito maior de palavras do que a fala oral para transmitir a mesma ideia. Dirige-se a um interlocutor ausente, que muito poucas vezes tem em mente o mesmo assunto que o escritor. Portanto, deve ser muito mais desenvolvida; a diferenciação sintática deve chegar ao seu ponto máximo, e devem ser usadas expressões que soariam artificiais na conversação. A expressão de Griboedov "ele fala como escreve" refere-se ao efeito cômico das construções elaboradas, na fala cotidiana.

A natureza multifuncional da linguagem, que vem atraindo uma atenção cada vez maior dos linguistas, já foi examinada por Humboldt em relação à poesia e à prosa – duas formas muito diferentes quanto à função e aos meios que utilizam. De acordo com Humboldt, a poesia é inseparável da música, enquanto a prosa depende inteiramente da linguagem e é dominada pelo pensamento. Consequentemente, cada uma tem dicção, gramática e sintaxe próprias. Essa concepção é de importância fundamental, embora nem Humboldt nem os que mais tarde desenvolveram o seu pensamento tenham compreendido plenamente todas as suas implicações. Fizeram apenas a distinção entre poesia e prosa e, nesta última, entre a troca de ideias e a conversação comum, isto é, a mera troca de informações ou o bate-papo convencional. Há outras distinções funcionais importantes na fala. Uma delas é a distinção entre o diálogo e o monólogo. A escrita e a fala interior representam o monólogo; a fala oral, na maioria dos casos, representa o diálogo.

O diálogo sempre pressupõe que os interlocutores tenham um conhecimento suficiente do assunto, para tornar possíveis a fala abreviada e, em certas condições, as frases exclusivamente predicativas. Também pressupõe que cada pessoa possa ver seus interlocutores, suas expressões faciais e seus gestos, e ouvir o tom de suas vozes. Já discutimos a abreviação; passaremos a considerar aqui apenas o seu aspecto auditivo, utilizando um exemplo clássico, extraído do *Diário de um escritor*, de Dostoievski, para mostrar o quanto a entonação auxilia na compreensão sutilmente diferenciada do significado de uma palavra.

Dostoievski relata uma conversa de bêbados, que consiste inteiramente numa palavra impublicável:

Numa noite de domingo, aproximei-me por acaso de um grupo de seis jovens trabalhadores bêbados, dos quais fiquei a mais ou menos 15 passos de distância. De repente, percebi que todos os seus pensamentos, sentimentos e até mesmo todo um encadeamento de raciocínio podiam ser expressos por essa única palavra, que além do mais é extremamente pequena. Um dos jovens disse-a de modo rude e forçado, para expressar o seu desprezo absoluto por tudo o que estiveram a falar. Outro respondeu com a mesma palavra, mas num tom e num sentido completamente diferentes –, duvidando que a atitude negativa do primeiro pudesse ser de alguma forma justificada. Um terceiro ficou subitamente irritado com o primeiro e intrometeu-se bruscamente na conversa, repetindo aos berros a mesma palavra, dessa vez como uma maldição e uma obscenidade. Nesse ponto o segundo rapaz voltou a interferir, irritado com o terceiro, o agressor, fazendo-o calar-se de um jeito que significava: "Por que você tem que se intrometer? Estamos aqui calmamente discutindo as coisas e lá vem você com palavrões". E externou todo esse pensamento numa só palavra, a mesma venerável palavra, com a única diferença que, ao fazê-lo, levantou a mão e colocou-a no ombro do companheiro. Subitamente um quarto bêbado, o mais jovem do grupo, que até então ficara quieto, e que talvez tivesse encontrado uma inesperada solução para a dificuldade inicial que originara a discussão, levantou alegremente a mão e gritou ... Heureca, vocês acham que é isto? Será que descobri a solução? Não, nem é heureca, nem eu encontrei a solução; repetiu a mesma palavra impublicável, uma palavra, apenas uma, mas com êxtase, num grito de prazer – que talvez tenha sido um tanto exagerado, porque o sexto rapaz, o mais velho, um tipo carrancudo, não gostou nem um pouco daquilo e cortou de uma vez a alegria infantil do outro, dirigindo-se a ele num tom de voz gutural, mal-humorado e exortativo, e repetindo... Sim, ainda a mesma palavra, proibida em presença de senhoras, mas que dessa vez significava claramente: "Por que vocês estão vociferando grosserias uns para os outros?". E assim, sem que pronunciassem mais uma única palavra, repetiram aquela palavra amada por seis vezes consecutivas, uma após a outra, e entenderam-se perfeitamente. [*Diário de um escritor*, ano de 1873]

A inflexão revela o contexto psicológico dentro do qual uma palavra deve ser compreendida. Na história de Dostoievski, tratava-se de negação desdenhosa num dos casos, dúvida em outro, e irritação no terceiro. Quando o contexto é tão claro como nesse exemplo, fica realmente possível transmitir todos os pensamentos, sentimentos e até mesmo toda uma sequência de raciocínios em uma só palavra.

Na escrita, como o tom de voz e o conhecimento do assunto são excluídos, somos obrigados a utilizar muito mais palavras, e com maior exatidão. A escrita é a forma de fala mais elaborada.

Alguns linguistas consideram o diálogo como a forma natural da fala oral – em que a linguagem revela sua natureza – e o monólogo como sendo, em grande parte, artificial. A investigação psicológica não deixa dúvidas de que o monólogo é, na verdade, a forma mais elevada e complexa de desenvolvimento histórico posterior. No momento, contudo, estamos interessados em comparar as duas formas apenas no que diz respeito à tendência para a abreviação.

A velocidade da fala oral não favorece um processo de formulação complexo – não deixa tempo para a deliberação e a escolha. O diálogo implica o enunciado imediato, não premeditado. Consiste em todos os tipos de respostas e réplicas; é uma cadeia de reações. Em comparação, o monólogo é uma formação complexa, que permite uma elaboração linguística lenta e consciente.

Na escrita, em que os suportes situacional e expressivo estão ausentes, a comunicação só pode ser obtida por meio das palavras e suas combinações, exigindo que a atividade da fala assuma formas complexas – daí a necessidade dos rascunhos. A evolução do rascunho para a cópia final reflete nosso processo mental. O planejamento tem um papel importante na escrita, mesmo quando não fazemos um verdadeiro rascunho. Em geral, dizemos a nós mesmos o que vamos escrever, o que já constitui um rascunho, embora apenas em pensamento. Como tentamos mostrar no capítulo anterior, esse rascunho mental é uma fala interior. Uma vez que esta funciona como rascunho não apenas na escrita, mas também na fala oral, procederemos agora a uma comparação dessas formas com a fala interior, no tocante à tendência para a abreviação e a predicação.

Essa tendência, inexistente na escrita e só algumas vezes encontrada na fala oral, sempre aparece na fala interior. A predicação é a forma natural da fala interior; psicologicamente, é constituída apenas por predicados. Da mesma forma que a omissão do sujeito é um fato rigorosamente constatado na fala interior, pode-se afirmar que, para a escrita, a presença do sujeito e do predicado constitui uma lei.

A chave desse fato experimentalmente comprovado é a presença invariável e inevitável, na fala interior, dos fatores que facilitam a pura predicação: sabemos o que estamos pensando – isto é, sempre conhecemos o sujeito e a situação. O contato psicológico entre os interlocutores numa conversa pode estabelecer uma percepção mútua, que leva à compreensão da fala abreviada. Na fala interior, a percepção "mútua" está sempre presente, de forma absoluta; portanto, é uma regra geral que ocorra uma "comunicação" praticamente sem palavras, até mesmo no caso dos pensamentos mais complexos.

O predomínio da predicação é um produto do desenvolvimento. No início, a fala egocêntrica tem uma estrutura idêntica à da fala social, mas no processo de sua transformação em fala interior torna-se gradualmente menos completa e coerente, à medida que passa a ser regida por uma sintaxe totalmente predicativa. Os experimentos mostram claramente como e por que a nova sintaxe passa a predominar. A criança fala das coisas que vê, ouve ou faz em determinado momento. Como resultado, tende a deixar de lado o sujeito e todas as palavras com ele relacionadas, condensando cada vez mais sua fala, até que só restem os predicados. Quanto mais diferenciada se torna a função específica da fala egocêntrica, mais pronunciadas são as suas peculiaridades sintáticas – a simplificação e a predicação. O declínio da vocalização ocorre simultaneamente a essa modificação. Quando conversamos com nós mesmos, temos ainda menos necessidade de palavras do que Kitty e Liêvin. A fala interior é uma fala quase sem palavras.

Com a sintaxe e o som reduzidos ao mínimo, o significado passa cada vez mais para o primeiro plano. A fala interior opera com a semântica, e não com a fonética. A estrutura semântica específica da fala interior também contribui para a abreviação. A sintaxe dos significados na fala interior não é menos original do que a sua sintaxe gramatical. Nossa investigação estabeleceu três peculiaridades semânticas principais da fala interior.

A primeira, que é fundamental, é o predomínio do *sentido* de uma palavra sobre o seu *significado* – uma distinção que devemos a Paulhan. Segundo ele, o sentido de uma palavra é a soma de todos os eventos psicológicos que a palavra desperta em nossa consciência. É um todo complexo, fluido e dinâmico, que tem várias zonas de estabilidade desigual. O significado é apenas uma das zonas do sentido, a mais estável e precisa. Uma palavra adquire o seu sentido no contexto em que surge; em contextos diferentes, altera o seu sentido. O significado permanece estável ao longo de todas as alterações do sentido. O significado dicionarizado de uma palavra nada mais é do que uma pedra no edifício do sentido, não passa de uma potencialidade que se realiza de formas diversas na fala.

As últimas palavras da já mencionada fábula de Krylov, *A libélula e a formiga*, ilustram bem a diferença entre sentido e significado. As palavras "Vá dançar!" têm um significado definido e constante, mas no contexto da fábula adquirem um sentido intelectual e afetivo muito mais amplo. Significam tanto "Divirta-se" quanto "Morra". Esse enriquecimento das palavras que o sentido lhes confere a partir do contexto é a lei fundamental da dinâmica do significado das palavras. Dependendo do contexto, uma palavra pode significar mais ou menos do que significaria se considerada isoladamente: mais, porque adquire um novo conteúdo; menos, porque o contexto limita e restringe o seu significado. Segundo Paulhan, o sentido de uma palavra é um fenômeno complexo, móvel e variável; modifica-se de acordo com as situações e a mente que o utiliza, sendo quase ilimitado. Uma palavra deriva o seu sentido do parágrafo; o parágrafo, do livro; o livro, do conjunto das obras do autor.

Paulhan prestou ainda mais um serviço à psicologia ao analisar a relação entre a palavra e o sentido, mostrando que ambos são muito mais independentes entre si do que a palavra e o significado. Há muito se sabe que as palavras podem mudar de sentido. Recentemente ficou demonstrado que o sentido pode modificar as palavras, ou melhor, que as ideias frequentemente mudam de nome. Da mesma forma que o sentido de uma palavra está relacionado com toda a palavra, e não com sons isolados, o sentido de uma frase está relacionado com toda a frase, e não com palavras isoladas. Portanto, uma palavra pode, às vezes, ser substituída por outra sem que haja qualquer alteração de sentido. As palavras e os sentidos são relativamente independentes entre si.

Na fala interior, o predomínio do sentido sobre o significado, da frase sobre a palavra e do contexto sobre a frase constitui a regra.

Isso nos leva às outras peculiaridades semânticas da fala interior. Ambas dizem respeito à combinação das palavras. Uma delas é muito semelhante à aglutinação – uma maneira de combinar as palavras, bastante comum em algumas línguas e relativamente rara em outras. A língua alemã geralmente forma um substantivo a partir de várias palavras ou frases. Em algumas línguas primitivas, essa aglutinação de palavras constitui uma regra. Quando diversas palavras fundem-se em uma única, a nova palavra não expressa apenas uma ideia de certa complexidade, mas designa todos os elementos isolados contidos nessa ideia. Como a ênfase sempre recai no radical, ou ideia principal, essas línguas são fáceis de entender. A fala egocêntrica da criança apresenta alguns fenômenos semelhantes. À medida que a fala egocêntrica se aproxima da fala interior, a criança passa a utilizar cada vez mais a aglutinação, como uma maneira de formar palavras compostas para expressar ideias complexas.

A terceira peculiaridade semântica fundamental da fala interior é o modo pelo qual os sentidos das palavras se combinam e se unificam – um processo regido por leis diferentes daquelas que regem a combinação de significados. Quando observamos esse modo singular de unir palavras na fala egocêntrica, passamos a chamá-lo de "influxo de sentido". Os sentidos de diferentes palavras fluem um dentro do outro – literalmente "influenciam-se" –, de modo que os primeiros estão contidos nos últimos, e os modificam. Assim, uma palavra que aparece muitas vezes num livro ou num poema às vezes absorve todas as variedades de sentido nela contidas, tornando-se, de certa forma, equivalente à própria obra. O título de uma obra literária exprime o seu conteúdo e completa o seu sentido, num grau muito superior do que o nome de uma pintura ou de uma peça musical. Títulos como *Dom Quixote*, *Hamlet* e *Ana Karenina* ilustram isso muito bem; todo o sentido de uma obra está contido em um nome. *Almas mortas*, de Gogol, é outro exemplo excelente. Originalmente, o título referia-se a servos mortos, cujos nomes ainda constavam dos registros oficiais, e que podiam ser comprados e vendidos como se ainda estivessem vivos. É nesse sentido que as palavras são usadas em todo o livro, que gira em torno desse tráfico com os mortos. Mas, devido à sua estreita relação com a obra como um todo, essas duas palavras adquirem uma nova importância, um sentido infinitamente mais amplo. Quando chegamos ao final do livro, "almas mortas" para nós significa não apenas os servos mortos, mas também todos os outros personagens da história, fisicamente vivos mas espiritualmente mortos.

Na fala interior, o fenômeno atinge o seu ponto máximo. Uma única palavra está tão saturada de sentido, que seriam necessárias muitas palavras para explicá-la na fala exterior. Não admira que a fala egocêntrica seja incompreensível para os outros. Watson diz que a fala interior seria incompreensível mesmo que pudesse ser gravada. Sua opacidade aumenta devido a um fenômeno correlato que, incidentalmente, Tolstoi percebeu na fala exterior: em sua obra *Infância, adolescência e juventude*, ele descreve como as palavras adquirem significados especiais – compreendidos apenas pelos iniciados – entre as pessoas que mantêm um íntimo contato psicológico. Na fala interior, desenvolve-se o mesmo tipo de expressão – o tipo que é difícil traduzir para o idioma da fala exterior.

Com isso concluiremos nosso exame das peculiaridades da fala interior, que observamos pela primeira vez em nossa investigação da fala egocêntrica. Ao procurar comparações na fala exterior, constatamos que esta última já contém, ao menos potencialmente, os traços característicos da fala interior; a predicação, o declínio da vocalização, a predominância do sentido sobre o significado, a aglutinação etc. aparecem sob certas condições, também na fala exterior. Acreditamos que esta seja a melhor confirmação da nossa hipótese de que a fala interior se origina da diferenciação entre a fala egocêntrica e a fala social primária da criança.

Todas as nossas observações indicam que a fala interior é uma função de fala autônoma. Podemos sem dúvida considerá-la como um plano específico do pensamento verbal. É evidente que a transição da fala interior para a exterior não é uma simples tradução de uma linguagem para outra. Não pode ser obtida pela mera vocalização da fala silenciosa. É um processo complexo e dinâmico que envolve a transformação da estrutura predicativa e idiomática da fala interior em fala sintaticamente articulada, inteligível para os outros.

VI

Podemos agora voltar à definição da fala interior que propusemos antes de apresentar nossa análise. A fala interior não é o aspecto interior da fala exterior – é uma função em si própria.

Continua a ser fala, isto é, pensamento ligado por palavras. Mas, enquanto na fala exterior o pensamento é expresso por palavras, na fala interior as palavras morrem à medida que geram o pensamento. A fala interior é, em grande parte, um pensamento que expressa significados puros. É algo dinâmico, instável e inconstante, que flutua entre a palavra e o pensamento, os dois componentes mais ou menos estáveis, mais ou menos solidamente delineados do pensamento verbal. Só podemos entender a sua verdadeira natureza e o seu verdadeiro lugar depois de examinar o plano seguinte do pensamento verbal, o plano ainda mais interiorizado do que a fala interior.

Esse plano é o próprio pensamento. Como dissemos, todos os pensamentos criam uma conexão, preenchem uma função, resolvem um problema. O fluxo do pensamento não é acompanhado por uma manifestação simultânea da fala. Os dois processos não são idênticos, e não há nenhuma correspondência rígida entre as unidades do pensamento e da fala. Isso é particularmente claro quando um processo de pensamento não obtém o resultado desejado – quando, como diz Dostoievski, um pensamento "não penetrará as palavras". O pensamento tem a sua própria estrutura, e a transição dele para a fala não é uma coisa fácil. O teatro deparou com o problema do pensamento por trás das palavras antes que a psicologia o fizesse. Ao ensinar o seu sistema de representação, Stanislavsky exigia que os atores descobrissem o "subtexto" das suas falas em uma peça. Na comédia de Griboedov, *A infelicidade de ser inteligente*, o herói, Chatsky, diz à heroína que afirma nunca o ter esquecido: "Três vezes louvado aquele que acreditar. A fé nos aquece o coração". Stanislavsky interpretou essas frases como "Vamos acabar com esta conversa", mas também poderiam ser interpretadas como "Eu não acredito em você. Você só diz isso para me consolar", ou "Você não vê que está me atormentando? Gostaria de acreditar em você; seria a felicidade". Todas as frases que dizemos na vida real possuem algum tipo de subtexto, um pensamento oculto por trás delas. Nos exemplos que demos anteriormente da ausência de concordância entre o sujeito gramatical e psicológico e o predicado, não levamos a cabo nossa análise. Assim como uma frase pode expressar vários pensamentos, um pensamento pode ser expresso por meio de várias frases. Por exemplo, a frase "O relógio caiu", em resposta à pergunta "Por que o relógio parou?", poderia significar "Não é culpa minha se o relógio não está funcionando". O mesmo pensamento, que é uma autojustificativa, poderia assumir a forma da frase "Não tenho o hábito de mexer nas coisas de outras pessoas. Estava apenas tirando o pó", ou muitas outras frases.

O pensamento, ao contrário da fala, não consiste em unidades separadas. Quando desejo comunicar o pensamento de que hoje vi um menino descalço, de camisa azul, correndo rua abaixo, não vejo cada aspecto isoladamente: o menino, a camisa, a cor azul, a sua corrida, a ausência de sapatos. Concebo tudo isso em um só pensamento, mas expresso-o em palavras separadas. Um interlocutor em geral leva vários minutos para manifestar um pensamento. Em sua mente, o pensamento está presente em sua totalidade e num só momento, mas na fala tem que ser desenvolvido em uma sequência. Um pensamento pode ser comparado a uma nuvem descarregando uma chuva de palavras. Exatamente porque um pensamento não tem um equivalente imediato em palavras, a transição do pensamento para a palavra passa pelo significado. Na nossa fala há sempre o pensamento oculto, o subtexto. Devido à impossibilidade de existir uma transição direta do pensamento para a palavra, sempre houve quem se lamentasse acerca da inexpressibilidade do pensamento:

> Como poderá o coração exprimir-se?
> Como poderá um outro compreendê-lo?
> [F. Tjutchev]

A comunicação direta entre duas mentes é impossível, não só fisicamente como também psicologicamente. A comunicação só pode ocorrer de uma forma indireta. O pensamento tem que passar primeiro pelos significados e depois pelas palavras.

Chegamos agora ao último passo de nossa análise do pensamento verbal. O pensamento propriamente dito é gerado pela motivação, isto é, por nossos desejos e necessidades, nossos interesses e emoções. Por trás de cada pensamento há uma tendência afetivo-volitiva, que traz em si a resposta ao último "por que" de nossa análise do pensamento. Uma compreensão plena e verdadeira do pensamento de outrem só é possível quando entendemos sua base afetivo-volitiva. Ilustraremos isso por meio de um exemplo já utilizado: a interpretação dos papéis de uma peça. Nas suas instruções para os atores, Stanislavsky enumerava os motivos que estão por trás das falas de seus personagens. Por exemplo:

Texto da Peça	*Motivos Paralelos*
SOFIA: Ah, Chatsky, mas que bom que você veio!	Tenta ocultar sua confusão.
CHATSKY: Também é muito bom vê-la assim contente. Poucas vezes vi alguém demonstrar tanta alegria. Mas, pensando bem, tenho a impressão de que a chuva que enfrentei com meu cavalo só a mim fez contente, e a mais ninguém.	Tenta fazê-la sentir-se culpada, provocando-a. Você não está envergonhada? Tenta forçá-la a ser franca.
LIZA: É verdade! Se o senhor tivesse estado aqui, junto a nós, há uns cinco minutos, ou nem tanto, teria ouvido quantas vezes o seu nome foi repetido. Diga-lhe, senhorita, diga-lhe que não minto!	Tenta acalmá-lo. Tenta ajudar Sofia numa situação difícil.

Texto da Peça	Motivos Paralelos
SOFIA: Foi assim mesmo, nem mais nem menos. Não, e quanto a isso, tenho certeza: não há por que me repreender.	Tenta tranqulizar Chatsky. Não tenho culpa de nada!
CHATSKY: Bem... suponhamos que assim seja. Três vezes louvado aquele que acreditar. A fé nos aquece o coração.	Vamos acabar com esta conversa etc.

[A. Griboedov, *A infelicidade de ser inteligente*, Ato I]

Para compreender a fala de outrem não basta entender as suas palavras – temos que compreender o seu pensamento. Mas nem mesmo isso é suficiente – também é preciso que conheçamos a sua motivação. Nenhuma análise psicológica de um enunciado estará completa antes de se ter atingido esse plano.

Chegamos ao fim da nossa análise; vamos examinar seus resultados. O pensamento verbal foi apresentado como uma entidade dinâmica e complexa, e a relação entre o pensamento e a palavra, no seu interior, surgiu como um movimento ao longo de uma série de planos. Nossa análise seguiu o processo desde o plano mais externo até o plano mais interno. Na realidade, o desenvolvimento do pensamento verbal segue o rumo oposto: do motivo que gera um pensamento à configuração do pensamento, primeiro na fala interior, depois nos significados das palavras e, finalmente, nas palavras. Entretanto, seria um erro imaginar que esse é o único caminho do pensamento para a palavra. O desenvolvimento pode parar em qualquer ponto de seu complexo percurso; é possível uma variedade infinita de movimentos progressivos e regressivos, de caminhos que ainda desconhecemos. Um estudo dessas múltiplas variações fica além do objetivo de nossa presente tarefa.

Nossa investigação seguiu um rumo um tanto incomum. Queríamos estudar o funcionamento interno do pensamento e da linguagem, que está oculto à observação direta. O significado e todo o aspecto interior da linguagem – o aspecto voltado para a pessoa, não para o mundo exterior – tem sido até agora um território quase desconhecido. Sejam quais forem as interpretações que lhes tenham sido dadas, as relações entre o pensamento e a palavra sempre foram consideradas como constantes e definitivamente estabelecidas. Nossa investigação mostrou que, ao contrário, são relações frágeis e inconstantes entre processos, que surgem no decorrer do desenvolvimento do pensamento verbal. Não pretendemos, e nem poderíamos, esgotar o assunto do pensamento verbal. Tentamos apenas dar uma visão geral da complexidade infinita dessa estrutura dinâmica – uma visão decorrente de fatos experimentalmente documentados.

Para a psicologia associacionista, o pensamento e a palavra estavam unidos por laços externos, semelhantes aos laços entre duas sílabas sem sentido. A psicologia gestaltista introduziu o conceito de conexões estruturais; mas, tal como a antiga teoria, não elucidou as relações específicas entre pensamento e palavra. Todas as outras teorias se agrupavam ao redor de dois polos – a visão behaviorista do pensamento como fala menos som, ou a visão idealista, defendida pela escola de Würzburg e por Bergson, de que o pensamento poderia ser "puro", não relacionado com a linguagem, e que seria distorcido, pelas palavras. A frase de Tjutchev, "Uma vez expresso, o pensamento é uma mentira", poderia muito bem servir de epígrafe para o último grupo. Quer se inclinem para o naturalismo puro ou para o idealismo extremo, todas essas teorias têm uma característica em comum: sua tendência anti-histórica. Elas estudam o pensamento e a fala sem qualquer referência à história de seu desenvolvimento.

Somente uma teoria histórica da fala interior pode lidar com esse problema imenso e complexo. A relação entre o pensamento e a palavra é um processo vivo; o pensamento nasce através das palavras. Uma palavra desprovida de pensamento é uma coisa morta, e um pensamento não expresso por palavras permanece uma sombra. A relação entre eles não é, no entanto, algo já formado e constante; surge ao longo do desenvolvimento e também se modifica. À frase bíblica "No princípio era o Verbo", Goethe faz Fausto responder: "No princípio era a Ação". O objetivo dessa frase é diminuir o valor das palavras, mas podemos aceitar essa versão se a enfatizarmos de outra forma: No *princípio* era a Ação. A palavra não foi o princípio – a ação já existia antes dela; a palavra é o final do desenvolvimento, o coroamento da ação.

Não podemos encerrar nosso estudo sem mencionar as perspectivas abertas pela nossa investigação. Estudamos os aspectos internos da fala, que eram tão desconhecidos pela ciência quanto a outra face da Lua. Mostramos que a característica fundamental das palavras é uma reflexão generalizada da realidade. Esse aspecto da palavra leva-nos ao limiar de um tema mais amplo e mais profundo – o problema geral da consciência. O pensamento e a linguagem, que refletem a realidade de uma forma diferente daquela da percepção, são a chave para a compreensão da natureza da consciência humana. As palavras desempenham um papel central não só no desenvolvimento do pensamento, mas também na evolução histórica da consciência como um todo. Uma palavra é um microcosmo da consciência humana.

Bibliografia

1. Ach, N., *Ueher die BegrifJsbildung.* Bamberg, Buchner, 1921.
2. Arsen'eva, Zabolotnova, Kanushina, Chanturija, Èfes, Nejfec e outros. Teses não publicadas de estudantes do Instituto Pedagógico Herzen, de Leningrado.
3. Bleuler, E., *Das autistisch-undisziplinierte Denken in der Medizin.* Berlim, J. Springer, 1927.
4. Borovskij, V., *Vvedenie v sravnitel'nuju psikhologiju* (Introdução à psicologia comparada). 1927.
5. Buehler, c., *Soziologische und psychologische Studien ueber das erste Lebensjahr.* Jena, G. Fischer, 1927.
6. Buehler, K., *Die geistige Entwicklung des Kindes.* Jena, G. Fischer, 1927.
7. _____, *Abriss der geistigen Entwicklung des Kindes.* Leipzig, Quelle & Meyer, 1928.
8. Delacroix, H., *Le langage et la pensée.* Paris, F. Alcan, 1924.
9. Engels, F., *Dialektik der Natur.* Moscou, Marx-Engels Verlag, 1935.
10. Frisch, K.v., "Ueber die 'Sprache' dr Bienen", *zool. Jb., Abt. Physiol.*, 40, 1923.
11. Gesell, A., *The Mental Growth of the Preschool Child.* Nova York, Macmillan, 1925.
12. Goldstein, K., "Ueber Aphasie". *Abh. aus d. Schw. Arch.f Neurol. u. Psychiat.*, Heft 6, 1927.
13. _____, "Die pathologischen Tatsachen in ihrer Bedeutung fuer das Problem der Sprache". *Kongr. D. Ges. Psychol.*, 12, 1932.

14. Groos, K., *Das seelenleben des Kindes*. Berlim, Reuther & Reichard, 1913.
15. Hanfrnann, E. e Kasanin, 1., "A Method for the Study of Concept Formation". *J. Psychol.*, 3, 1937.
16. _____, *Conceptual Thinking in Schizophrenia*. Nerv. and Ment. Dis. Monogr., 67,1942.
17. Kafka, G., *Handbuch der vergleichenden Psychologie*, Bd. I, Abt. L Muenchen, E. Reinhardt, 1922.
18. Koehler, W., *Intelligenzpruejitngen an Menschenaffen*. Berlim, 1. Springer, 1921.
19. Koehler, W., "Zur Psychologie des Schimpansen". *Psychol. Forsch.*, I, 1921.
20. Koffka, K., *Gntndlagen der psychischen Entwicklung*. Osterwieck am Harz, A. W. Zickfeldt, 1925.
21. Kretschmer, E., *Medizinische Psychologie*. Leipzig, G. Thieme, 1926.
22. Kuelpe, O., "Sovremennaja psikhologija myshlenija" ("A psicologia contemporânea do pensamento"). *Novye idei v filosofii*, 16, 1914.
23. Lemaitre, A., "Observations sur de langage intérieur des enfants". *Arch. de hychol.*, 4, 1905.
24. Lenin, v., Konspekt knigi Gegelja *Nauka Logiki* (Um esboço do livro *A ciência da lógica* de Hegel). Filosofskie tetradi, publicados pelo CC do CPSU(b), 1934.
25. Leontiev, A. e Luria, A., "Die psychologischen Anschauungen L. S. Wygotski's". *Ztschr.f Psychol.*, 162, Heft 3-4, 958.
26. Levy-Bruhl, L., *Les fonctions mentales dans le sociétés inférieures*. Paris, F. Alcan, 1918.
27. Marx, K., *Das Kapital*, Bd. L Hamburgo, O. Meissner, 1914.
28. Meumann, E., "Die Entwicklung der ersten Wortbedeutungen beim Kinde". *Philos. Stud.*, 20, 1902.
29. Piaget, 1., *Le langage et la pensée chez l'enfant*. Neuchâtel-Paris, Delachaux & Niestlé, 1923.
30. _____, *Le jugement et le raisonnement chez l'enfant*. Neuchâtel Paris, Delachaux & Niestlé, 1924.
31. _____, *La représentation du monde chez l'enfant*. Paris, F. Alcan, 1926.
32. _____, *La causalité physique chez l'enfant*. Paris, F. Alcan, 1927.

33. _____, "Psychologie de l'enfant et l'enseignement de l'histoire". *Bulletin trimestriel de la Conférence Internationale pour I 'enseignement de I 'histoire*, 2, Paris, 1933.
34. Plekhanov, G., *Ocherki po istorii materializma* (Ensaios sobre a história do materialismo). 1922.
35. Rimat, F., *Intelligenzuntersuchungen anschliessend and die Ach 'sche Suchmethode*. Goettingen, G. Calvoer, 1925.
36. Sakharov, L., "O Metodakh issledovanija ponjatij" ("Métodos para a investigação dos conceitos"). *Psikhologija*, III, 1, 1930.
37. Shif, Zh., *Razvitie zhitejskikh* i *nauchnykh ponjatij* (O desenvolvimento dos conceitos científicos e cotidianos). Moscou, Uchpedgiz., 1935.
38. Stern, C. u .. W., *Die Kindersprache*. Leipzig, J. a. Barth, 1928.
39. Stern, W., *Person und Sache*, Bd. L Leipzig, 1. a. Barth, 1905.
40. _____, *Psychologie der fnlehen Kindheit*. Leipzig, Quelle & Meyer, 1914.
41. Storch, A., *Das archaisch-primitive Erleben und Denken in der Schizophrenie*. Monogr. aus d. Gesamtgeb. d. Neurol u. Psychiat., H. 32.1922.
42. Thorndike, E., *The Mental Life ofthe Monkeys*. Nova York, Macmillan, 1901.
43. Tolstoi, L. *Pedagogicheskie stat'i* (*Ensaios pedagógicos*). Kushnerev, 1903.
44. Usnadze, D., "Die Begriffsbildung im vorschulptlichtigen Alter". *Ztschr.f angew. Psychol.*, 34,1929.
45. _____, "Gruppenbildungsversuche bei vorschulptlichtigen Kin*dern ".Arch. ges. Psychol.*, 73,1929.
46. Vigotski, L., Luria, A., Leontiev, A., Levina, R. e outros. Estudos sobre a fala egocêntrica. Não publicados.
47. Vigotski, L. e Luria, A., 'The Function and Fate of Egocentlic Speech". *Proceed. of the Ninth Intern. Congro of Psychol.* (New Haven, 1929). Princeton, Psychol. Rev. Cornpany, 1930.
48. Vigotski, L., Kotelova, Ju. e Pashkovskaja, E. Estudo experimental sobre a formulação de conceitos. Não publicado.
49. Vigotski, L., "Eksperimental'noe issledovanie vysshikh processov povedenija". ("Uma investigação experimental dos processos mentais superiores") *Psikhonevrologichesf...ie nauki* v *SSSR.*, Gosmedizdat, 1930.

50. _____, *Pedologija podrostka* (*pedologia do adolescente*). Uchgiz, 1931.
51. _____, "Thought in Schizophrenia". *Arch. Neurol. Psychiat.*, *31*, 1934.
52. _____, "Thought and Speech". *Psychiatry*, II, 1, 1939.
53. Volkelt, H., "Fortschritte der experimentellen Kinderpsychologie". *Kongr.f exper. Psychol.*, 9, 1926. lena, G. Fischer.
54. Watson, J., *Psychology from the Standpoint of a Behaviorist.* Filadélfia e Londres, G. B. Lippincott, 1919.
55. Werner, H., *Einfoehrung in die Entwicklungspsychologie.* Leipzig, lA. Barth, 1926.
56. Wundt, W., *Voelkerpsychologie*, L *Die Sprache*. Leipzig, W. Engelmann, 1900.
57. Yerkes, R. M., *The Mental Life of Monkeys and Apes.* Behav. Monogr., III, 1, 1916.
58. Yerkes, R. M. e Learned, B. W., *Chimpanzee Intelligence and Its Vocal Expression.* Baltimore, Williams & Wilkins, 1925.